Otto Werner Förster

... daß ich
in Leipzig
glücklich
seyn werde...

Impressum:

1. Auflage, März 2012

Leipzig ↔ Saarbrücken ↔ Frankfurt
Zschochersche Straße 79b
04229 Leipzig

Gestaltung: Tim Klinger
MEAN DESIGN Frankfurt ↔ Leipzig
meandesign.com

Herstellung: Druckerei Friedrich Pöge e.K.
Handwerkerhof 15
04316 Leipzig

ISBN: 978-3-981-40452-4

Printed in Germany

www.seume-verlag.de

Otto Werner Förster

… daß ich in Leipzig glücklich seyn werde …

Unterhaltsame literarische Spaziergänge durch das alte Leipzig

J. G. Seume
VERLAG

Wir gehn mal in die Stadt …

Leipzig. Eine Stadt mit hunderten großer Namen in ihrer Geschichte, wie kaum eine andere in Deutschland. Ich darf Sie einladen zu einem Spaziergang durch meine Stadt.
Die Fakten sind über viele Jahre zusammengetragen aus zahllosen Dokumenten, Kirchenbüchern, Briefen, Autobiographien usw. Unversehens kommen neueste Forschungsergebnisse hinzu, wie etwa jene, daß die Leipziger Disputation zwischen Luther und Eck nicht auf der uns bekannten Pleißenburg stattgefunden haben kann. Man muß umdenken, gut so. Das Interesse an Geschichte nimmt spürbar zu. Noch besser.
Die Wertungen in den Texten sind natürlich subjektiv und werden manchen verstören. Das liegt in der Natur der Sache, an der Perspektive.

Wie kam diese Stadt zu diesen Persönlichkeiten mit den großen Namen – und wie hat sie sie in die Geschichte gebracht …? Leibniz und Luther, Hutten und Thomasius, Goethe, Schiller, Klopstock, Lessing, Heisenberg und Hahnemann, Bloch und Korff und Lamprecht … Einige hundert Namen deutscher und europäischer Kulturgeschichte. Warum in dieser Stadt? In dieser tausendjährigen Stadt.

Otto Werner Förster

Es ist die gewachsene Kultur und die Atmosphäre, die notwendige merkantilische Weltbürgerlichkeit und der Kreuzweg der Ideen. Am Schnittpunkt uralter Handelswege, fern von den Zentren der Macht. Frei sein fängt im Kopf an.

Mit der Renaissance tauchte das spätere Deutschland aus dem Mittelalter auf. Luther und die »Humanisten«, die Renaissancemenschen mit dem »Ich«-Bewußtsein, die Selbstdenker, die Schriftsteller und Maler und Wissenschaftler, gaben den Weg frei für allgemeine Bildungsmöglichkeiten und die Ich-Findung. Philipp Melanchthon war Luthers Bildungsmacher der Reformation.

1547 schenkte Herzog Moritz von Sachsen – von den Gegnern der »Judas von Meißen« genannt – der 1409 gegründeten Universität Leipzig das säkularisierte Gelände des Dominikanerklosters, heute das Areal zwischen Universitätsstraße und Augustusplatz. Kurz darauf hat er die drei sächsischen Landesschulen St. Afra in Meißen, Pforta bei Naumburg und St. Augustin in Grimma gegründet. Zur Bildung einer Elite und für eine gebildete Beamtenschaft im kurfürstlichen Sachsen. Die meisten anderen deutschen Länder zogen erst zwei Jahrhunderte später ein wenig nach.

Die Absolventen mußten in Leipzig studieren. Die Gescheiten aus den Thüringer Herzogtümern kamen auch, die Hessen, die Franken, Bayern und Norddeutsche, auch die Balten, die noch keine eigene Universität hatten. In Leipzig traf sich die junge Geisteselite, als anderswo noch Mittelalter war. Leipzig war neben Hamburg und Zürich eines der Zentren der deutschen Aufklärung. Hier waren seit dem frühen 18. Jahrhundert fast alle wesentlichen

Buchhändler bzw. Verlage ansässig. Erst nach dem Zweiten Weltkrieg begann die Abwanderung. Geboren sind hier nur wenige der Literaten und schreibenden Wissenschaftler, und wenige nur sind hier geblieben. Aber alle sind geprägt worden in Leipzig. –

Der »Literarische Spaziergang« durch Leipzig wird ein Spaziergang durch die Jahrhunderte. Durch die Geistesströmungen und Epochen, Stilrichtungen, politischen Umbrüche und verpatzten Revolutionen. Das verlangt ein wenig Vorstellungskraft, denn Kriege, Brände, Neubauten – und Abrisse von Baudenkmälern bis in die Gegenwart – haben einen guten Teil der Originalgebäude vernichtet.

Die Straßenzüge sind die gleichen wie vor Jahrhunderten, selbst deren Namen, wie auch die Innenstadt kompakt und souverän für das räumlich gewachsene Leipzig steht wie ehedem.

Wir gehn mal in die Stadt, wie der Leipziger sagt ...

Leipziger Esplanade

Inhaltsverzeichnis

Nikolaikirche

Uni, Dichter, Philosophen

»Nu hetze ma nich so, mei Gutster«, kann man schon mal von einem Sachsen hören, wenn auch das »echte« Mundartliche immer seltener wird. Ein für fremde Ohren gewöhnungsbedürftiger Klang, und dazu mit einem Wortschatz eigener Art. Das gilt übrigens auch für das Schwäbische, das Hessische, das Bayrische usf. Jene Spracheigentümlichkeiten stehen dem Sächsischen in nichts nach. Das ursprüngliche Stammesgebiet der germanischen Sueben (Sweben, Schwaben), die mit dem Knoten im Haar, lag übrigens nicht weit von hier, am Südostrand des Harzes: der Schwabengau. Daher mag noch manch Anklang in beiden Mundarten über die vielen Jahrhunderte herüberleuchten.

»Hetzen« wir also nicht so, gehn wir die Stadteroberung gemächlich an, von innen heraus sozusagen: Auf dem Freisitz des Cafés »Alte Nikolaischule« zum Beispiel, bei einem guten Kaffee, einem Bier und – vielleicht – einer »Leipziger Lerche«, einem Gebäck. Natürlich hat man hier in der Stadt auch Singvögel gegessen, wie es der Norditaliener noch heute verbotenerweise tut. In Leipzig wurde es schon im 19. Jahrhundert verboten.

Wir sitzen auf einem alten Friedhof, dem **Nikolaikirchhof**. Und sind versucht, leiser zu sprechen. Hier liegen Menschen auch aus der Stadtgründungszeit, jene Namenlosen, die es nicht in die Geschichtsbücher geschafft haben und auf die Denkmäler. Jene, die in ihrem Alltag die kleine und ein bißchen auch die große Welt bewegt haben. Hören wir in die Jahr-

hunderte, dann scheint auch Bach'sche Musik über allem zu liegen: Die Nikolaikirche, die Stadtkirche, war neben der Thomaskirche seine wichtigste Wirkungsstätte. Zwei Drittel seiner Kompositionen sind hier uraufgeführt worden. Die Gemälde und Wandbemalungen stammen von **Adam Friedrich Oeser** – und seinen Schülern wie **Veit Hanns Schnorr von Carolsfeld**. Der Professor hat oft nur vorgemalt, die Schüler übernahmen die Hauptarbeit.
Das Gebiet um die **Nikolaikirche** im Grimmaischen Viertel war ursprünglich ein Siedlungskern von Kaufleuten des 12. Jahrhunderts. Die alte romanische Pfeilerbasilika wurde abgebrochen, überbaut und der Kirchenbau erhielt zwischen 1513 und 1526 die heutige Gestalt. Seit der Universitätsgründung 1409 war der Nikolaikirchhof eines ihrer Zentren, vor allem der »Geisteswissenschaften«, dominiert bis ins 18. Jahrhundert von der Theologischen Fakultät.

Johann Gottfried Seume

(1a) ←

Als der alte Friedhof 1536 aufgehoben und der Alte Johannisfriedhof zum Hauptbegräbnisplatz der Stadt wurde, da stand die **Nikolaischule** schon: 1512 wurde das Gebäude gegen den mehr als einhundert Jahre währenden heftigen Widerstand der Thomasschule gebaut und zur weltlichen Stadtschule. Bis 1872 hat sie, nach öfterem Umbau, Schüler beherbergt und ausgebildet, darunter solche von späterer Weltgeltung. Zu Beginn der 1970er Jahre hatten Studenten der Universität hier Seminarräume bevölkert, auf knarrenden Dielen in den Kammern unterm Dach.

Vielleicht nicht der bedeutendste Schüler, aber ein eigenwilliger, ein Selbstdenker, ein früher Demokrat und großer Literat hieß **Johann Gottfried Seume**, Bauernbursche aus Knautkleeberg. Der Freimaurer und Mäzen Graf **Hohenthal** auf Knauthain hat ihm den Schulbesuch 1780/81 finanziert, und später das Studium.

»Ich war bei dem Rektor in Wohnung und Kost und Holz verdungen […]. Das Holz war der große Gegenstand des Zwistes […]. Da man uns spärlich hinlegte, langten wir selbst zu. Von unten aus holte ich keck genug von Zeit zu Zeit einen Schlafrock voll; und es muß putzig anzusehen gewesen sein, wie der dicke Hebräer Dindorf und der nicht minder barbarische Korbinsky auf Schildwache standen, ich unten im Holzverschlag lauschte und mich vor dem herabrauschenden Rektor in den Keller versteckte und endlich mit einem Schlafrock voll Scheitholz die Flucht in die Höhe nahm …«

Johann Gottfried Seume, »Mein Leben«

Einer der großen Vorgänger Seumes an der Schule hieß **Gottfried Wilhelm Leibniz**. Im zarten Alter von zwei Jahren soll er vom Tisch gefallen sein, »unverletzt und lachend«. Aber: er war Zeit seines Lebens hart im Nehmen mit seiner *»hageren mittelmäßigen Statur, dem blassen Gesicht und den sehr oft kalten Händen, die Finger zu lang und zu dünn. Er liebt das Süße, z.B. den Zucker ... Auch führte er »eine sitzende Lebensart«*. Man hat ihn hier vergrault, aber nachtragend war Leibniz nicht. 1708 notiert er:

»Als ich die Intrige meiner Konkurrenten bemerkte, änderte ich meine Pläne und beschloß, auf Reisen zu gehen und Mathematik zu studieren und die Welt kennenzulernen. Ich freue mich, daß unser Leipzig in neuer Blüte steht. Ich liebe es, wie es sich für die Heimat geziemt, und habe nicht das Gefühl, daß sie gegen mich undankbar war. Ich habe keinen Grund zur Klage darüber, daß ich als junger Mann und fast noch ein Knabe unter so vielen Männern, die an Alter und Gelehrsamkeit hervorragten, nicht auffiel. Dennoch reut mich meine Ungeduld nicht. Die Irrtümer der Menschen werden durch die göttliche Vorsehung gelenkt, so daß oft schlechte Entschlüsse zum Guten führen«

Leibniz begann mit dem in Leipzig 1701/1706 wirkenden **Christian Wolff** ein Jahrhundert zu bewegen, das Jahrhundert der Aufklärung, des *»Ausgangs aus der selbstverschuldeten Unmündigkeit«*, wie der noch immer große **Immanuel Kant** im fernen Königsberg schrieb.

Christian Thomasius ist zu nennen, auch einer der Schüler. Der unterstand sich, am 31. Oktober 1687 erstmals eine Vorlesung in deutscher Sprache zu halten und in Schriften und Vorlesungen für Toleranz zu werben. Zum Beispiel mit der Gründung der ersten deutschsprachigen populärwissenschaftlichen Zeitschrift im Jahre 1688: »Monatsgespräche« Und er schrieb gegen die Hexenverbrennungen an, die in protestantischen Ländern übrigens öfter zelebriert wurden als in katholischen …

Natürlich war das ein böser Stachel im dürren Fleisch der lutherischen Orthodoxen. Man hat ihn vertrieben. Thomasius zog 1690 ins brandenburgische-preußische Halle. Friedrich II., der zwiespältig-große Preußenkönig, hat seine Leistung auf den Punkt gebracht:

»Seit Thomasius können die alten Frauen in Frieden sterben …«

»Philosophen«-Schüler alle drei, weiterdenkende Literaten also. Ohne das geschriebene und gegen Widerstände verteidigte Wort ist Auseinandersetzung, Entwicklung, kaum denkbar.

Zwischen 1630 und 1633 hatte die Nikolaischule einen Konrektor der besonderen Art: Den in Aschersleben geborenen Philosophen, Übersetzer und Naturwissenschaftler **Adam Olearius**. Er nahm ab 1633 an langjährigen Gesandtschaftsreisen durch Rußland nach Persien teil. Um dem Dreißigjährigen Krieg der Konfessionen zu entgehen, der eigentlich um Macht, Einfluß und Gebiete ging. Begleitet wurde er u.a. vom Leipziger Freund und Dichter **Paul Fleming**. Als literarischer Ertrag erschien 1647 seine berühmte *»Offt begehrte Beschreibung der Newen Orientalischen Reise …«*.

Friedrich Gerstäcker, der Weltenbummler, Abenteuer- und Reiseschriftsteller, der die Deutschen vor der unbedachten Ausreise ins »gelobte Land«

Friedrich Gerstäcker

Amerika des 19. Jahrhunderts warnte, folgenlos, war 1830/33 Schüler der Nikolaischule, als **Richard Wagner**, der sich selbst lange für einen Dichter hielt, gerade die Schule wechseln mußte: Der kleine Großmann Wagner hatte die Lehranstalt mehr als ein halbes Jahr nicht betreten. Weil er an einem haarsträubenden Drama mit dutzenden Toten schrieb und deshalb nicht abkömmlich war.

Auf dem ehemaligen Friedhof neben der Kirche eine freistehende Säule, nachgebildet den klassizistischen im Kircheninnern, und ein ständig überfließender Brunnen. Eine ewige Mahnung an die nur zeitweilig im Auftrag aller herrschenden Mitbürger. »*Sie herrschen, weil sie nicht weise genug sind zu regieren*«, hat der grummelnde Ketzer Seume geschrieben. Denkmale, zur Erinnerung an die »friedliche Revolution« von 1989, als die Menschen sich vor allem vor der Kirche versammelten und auf die Friedensgebetler warteten zum gemeinsamen Gang um den Ring. Die Kirche im Heidenland hatte auch politische Freiräume, weshalb ihre Einrichtungen zum Sammelpunkt eines Widerstands wurden, der ursprüng-

lich auf die Reformierung des Landes DDR zielte, auf humanistischen, demokratischen Umbruch, auf tatsächliche Mitwirkung.

Die Losungen auf den Transparenten vom Frühherbst 1989 bis zum Januar 1990 hat man übrigens seit Jahren nicht mehr im Fernsehen gesehen: *»Wir bleiben hier«*, *»Für einen transparenten demokratischen Führungsstil«*, *»Wenn wir jetzt verstummen, sind wir wieder die Dummen«*. Volkes Witz und Volkes Zorn. Die schöne Erinnerung »Wir sind das Volk« war erstmals 1835 in Georg Büchners »Danton« zu lesen.

Denkmale sind es auf dem Nikolaikirchhof, zur Erinnerung an die Demonstrationen und an die Implosion des Staates DDR. Mehr Denkmal braucht kein Mensch. Vor allem nicht die Leipziger.

Wir sind eingestimmt auf unseren Spaziergang in die Geschichte und sollten losgehen; der Weg wird sich ein bißchen ziehen, obwohl die Leipziger Innenstadt nur gut einen Quadratkilometer groß ist.

Ein paar Schritte weiter, an der Nikolaischule vorbei, kommen wir zur **Ritterstraße**. So benannt, weil hier einmal der Rats-Marstall war, Ritter eher weniger. Wenn auch der Student **Ulrich von Hutten** ein echter Reichsritter war. In den Jahren 1507/09 hat er an der Leipziger »Artistenfakultät« *(septem artes liberales)* studiert, den Renaissance-Humanismus vertreten – und sich in der Stadt die tödliche Syphilis geholt. Hutten, der Luther-Verehrer, Papsthasser, äußerst gewandte Lateiner und schließlich auch deutsch schreibende Literat, wohnte mit seinem Lehrer **Johannes Rhagius Aesticampianus** (1457–1520) und anderen Studenten in der »**Bayernburse**«, einem frühen Studentenwohnheim. Ein großer alter

→ (1b)
Fachwerkbau, abgerissen 1834 für die **Buchhändlerbörse**, und heute steht auf dem Grundstück ein Plattenbau – u.a. Gästehaus der Universität. Verarbeitet sind Huttens Leipziger Eindrücke auch in den satirischen »Dunkelmännerbriefen« *(epistolae obscurorum virorum)*, die die Parodierten – Scholastiker, Mönche, bornierte Honoratioren und Hochschullehrer etc. – allerdings zunächst für echt hielten. Die »Artistenfakultät« (Fakultät der ›sieben
→ (1c)
freien Künste‹) hatte im **»Kleinen Fürstenkolleg«** ihren Sitz. Heute steht dort u.a. das Rektorat der Universität, die frühere Absteige der sächsischen Könige.

Links des ehemaligen Bursen-Areals, zwischen »Großem« und »Kleinem Fürstenkolleg«, lag das **»Rote Kolleg«**, so genannt aufgrund seiner Bauweise aus sächsischem Porphyr, heute rote Ziegel. Seit kurzem ist hier eine Tafel angebracht: *»Hier wurde Gottfried Wilhelm Leibniz geboren …«*. Denkbar ist das, aber nicht belegt. Ebenso kann er am Alten Neumarkt (Universitätsstraße) in einer Professorenwohnung geboren worden sein. Wollen wir also nicht über Geburtsadressen streiten; auch Grablegen sind nicht mehr das, was sie einmal zu sein schienen. Siehe Schiller: Der liegt wohl noch immer auf dem alten Weimarer Jakobsfriedhof im Kassengewölbe.

→ (1d)
Das **»Rote Kolleg«** war drei Jahrhunderte nach Hutten die erste Verlagsadresse von **Friedrich Arnold Brockhaus** mit seiner »Zweiten Teubnerschen Druckerei«, da er ungelernter Fremdling in Leipzig war und die Zünfte zünftig seit dem Mittelalter. Erst 1818 erhielt er den Status als »Bürger«. Neben seinem »Conversationslexikon« verlegte Brockhaus Zeitschriften, wie etwa die freisinnigen »Deutschen

Blätter«, wissenschaftliche und belletristische Titel, Memoiren, und als erster Schriften von **Arthur Schopenhauer**.

Die Ritterstraße beherbergt mehrere gut sortierte Antiquariate, und wenn es dort zu staubig wird, lädt die Gastronomie in der gegenüberliegenden »Strohsack«-Passage ein. Hier ist auch das Kabarett »Funzel« angesiedelt. Ein Tip für den Abend: Neben wechselnden Programmen der Satire-Profis gibt es im tiefen Keller eine urgemütliche großräumige Kneipe. In den Gewölben haben vor Jahrhunderten weniger bemittelte Studenten eher gehaust als gewohnt.

Wenn wir wieder oben sind, ist die Geschichte dieses alten Ortes noch lange nicht ausgeschöpft. Wir gehn die Ritterstraße ein Stück hoch, südlich, Richtung Grimmaische Straße. Unterwegs fällt an der Nikolaikirche eine alte Grabtafel auf: **Adam Friedrich Oeser**. Er, seine Frau und seine Tochter liegen nicht hier, die Tafel wurde vom Alten Johannisfriedhof gerettet. Auf der anderen Außenseite des Chorraumes ein in die Mauer eingelassenes Hufeisen hinter Eisengitter, um das sich eine Sage rankt:

Vor Zeiten hauste ein »greulicher« Lindwurm in der Gegend, dem man, um ihn bei Laune zu halten, täglich zwei Schafe vorwarf. Als alle Schafe aufgefressen waren, mußte ein Menschenopfer her. Das Los traf die schöne Königstochter. Und als sie verfüttert werden sollte, kam der ebenso schöne wie starke Ritter Georg daher. Der Drache jagte ihm entgegen – und direkt in die Lanze des edlen Ritters. Dabei verlor das edle Roß Georgs ein Hufeisen, das in die Kirchenwand schlug oder später dort angebracht worden sein soll, oder … Es gibt viele Varianten.

Auf jeden Fall bezeichnet es das Grab eines Hufschmieds. Und nach St. Georg war ein Leipziger Zisterzienser-Nonnenkloster benannt. Das Städtische Krankenhaus heißt noch immer so.
Wir satteln die Rösser und traben weiter. Südöstlich der Nikolaikirche befindet sich das universitätseigene »Geschwister-Scholl-Haus«, erbaut als erste deutsche Handelshochschule. Auf dem Grundstück standen bis 1908/11 die Gebäude des »Großen Fürstenkollegs« bis zur Stadtmauer (Goethestraße), darunter auf № 10 das **»Schwarze Bret«**. Im Jahre 1701 wartete hier der angehende Student **Georg Philipp Telemann** und suchte eine Unterkunft. Als »Stubenpursch« eines älteren musikinteressierten Studenten fand er sie. Er hat viele seiner Operntexte selbst übersetzt, hat im Stil der Zeit Epigramme und Gedichtchen geschrieben, gelegentlich auch deftige:

→ (1e)

Der Saufhals

Es klag't Hans-Wurst:
Er habe niemals Durst.
Das glaub' ich unbeschworen.
Er gieß't bis an die Ohren,
Den Rachen stets voll Wein.
Nun frag' ich euch: Wie kann er durstig seyn?

Poesie der Nieder-Sachsen, 1738

In einem der Hofgebäude, durch die heutige Toreinfahrt links, wohnte seit 1751 der Poesie-Professor, Autor moralischer Ratgeberschriften, Lustspiel-, Fabel- und Kirchenlieddichter **Christian Fürchtegott Gellert**, verehrt von der gesamten noch gar nicht vorhandenen »Nation«. Er war ein begnadeter Hypochonder, der sich ständig allen Krankheiten dieser Welt ausgeliefert glaubte. Und reich wurde er trotz seiner Berühmtheit nie. Weil er zu viel verschenkte. Wohl aber sein Leipziger Verleger **Johann Wendler**, der ihm ein Denkmal (Kopie in den Parkanlagen an der Schillerstraße) setzen ließ.

Am Nikolaikirchhof wohnte ab 1725 zehn Jahre lang auch der große Theaterreformer, Aufklärer und also Streiter **Johann Christoph Gottsched**. Gellert mochte ihn nicht. An einen Freund schrieb er 1753:

»Ich bin, gottlob, bald so dick und fett, wie Prof. Gottsched …«

Südlich am Kirchenschiff vorbei – mittelalterliche Enge. Hier spüren wir noch einen Hauch von der Enge der Stadt vor gar nicht so langer Zeit: In der Innenstadt wohnten mehr als 20.000 Menschen.
Hier grüßen wir den Schriftsteller **Jean Paul**, der 1798 bei einem Buchbinder wohnte – heute etwa das Grundstück mit mediterranem Restaurant. Vielleicht ist er gar vor der ihn verfolgenden »Dichterin« Emilie von Berlepsch von der Petersstraße hierher geflohen. → **(1f)**
Wer schon ein bißchen »fertsch« ist, wie der Sachse sagt, sollte hier ein mediterranes Päuschen machen.
Denn dann geht's mit frischem Mut und forschem Schritt weiter nach rechts in die Nikolaistraße. Das Schuhmachergäßchen geht von ihr ab. Beim **Schuhmachermeister Heerdegen**, etwa Straßenmitte links, wohnte – natürlich unser **Seume**: 1788 und → **(1g)**

1792, bevor er nach Rußland und Warschau ging. Dieser Meister hat ihm auch jene Stiefel gemacht, die ihn 1802 bis nach Syrakus und zurück brachten. In Grimma-Hohnstädt, unweit vom Göschenhaus, in einer Wandnische des ehemaligen »Seume-Gasthauses Zur Linde« (noch immer Gaststätte), steht er, der Stiefel. Ziemlich groß, etwa Schuhgröße 48, und eben nur einer. Seume hätte er wohl nicht gepaßt. Aber der Stiefel ist ja auch etwa aus der Zeit um 1910. Und man hat eine Reliquie für die Touristen. Ebenso die Seume-Büste in einer Gastraum-Ecke aus der gleichen Zeit: Seume hätte gebettelt, daß er nicht so aussehen möge. Wichtig ist: Man kennt den wandernden Philosophen und grummelnden

Lessing beim Lykier

In Leipzigs Innenstadt kann man sich nicht verlaufen: Alle Wege führen um den Markt. Und wenn die Beine schwächeln oder der Magen, findet sich ein historisches Gasthaus, zumindest aber ein Ruhepunkt an historischem Ort. Seit dem Mittelalter ist das Straßenraster der Leipziger Innenstadt fast gleich geblieben.
Wir biegen also frohgemut in die Nikolaistraße ein, früher auch als Niklasstraße bezeichnet. Benannt wie die Kirche nach dem alten Griechen St. Nikolaus, einem Lykier (Lichtleute, Ostleute). Neben vielen anderen beruflichen Aufgaben, war er auch ein Schutzheiliger der Kaufleute. Die Straße hat die Jahrhunderte überstanden, selbst das 19. und das späte 20., die der geschichtsvergessen rücksichtslosen Kaufleute. Immerhin ist noch eine Anzahl schöner, steinerner, vorwiegend bemalter alter Häusernamen und Hauszeichen erhalten, trotz der Um- und Neubauten: Der »Goldene Ring« und der »Blaue Hecht« waren schon im 16. Jahrhundert Gasthöfe, »Zum Rosenkranz« deutet auf die Zeit vor der Reformation, die »Goldene Hand« scheint auf eine frühe Lehnshoheit hinzuweisen, und »Stadt London« war seit 1839 ein Hotel. Das »Zeppelin-Haus« von 1911 ist natürlich nach dem gräflichen Luftschiffer benannt vom Besitzer, dem Rauchwarenhändler Felix Reimann. Es ist ein altes Brauhaus-Grundstück des Leipziger Rats. Hier wurde Breuhahn gebraut, ein schlichtes Weißbier.

Waren die Hauszeichen und Häusernamen früher unumgänglich, so sind sie uns heute eine schöne und seltene Erinnerung. Denn Hausnumerierungen – Katasternummern – gab es erst am Beginn des 18. Jahrhunderts, neugeordnet 1793, und da beginnend mit der Petersstraße / Ecke Markt. Erst seit 1839 wurden die Straßenzüge durchnumeriert, danach noch mehrmals, so daß man bei alten Adreßangaben schnell danebengreifen kann. Da passiert es schon mal, daß man Wohnadressen früherer Persönlichkeiten hört und liest, die sozusagen meilenweit daneben liegen. »… *Überhaupt gibt es in diesem Theile der Stadt weit mehr hölzerne als massive Häuser, daher auch das Ansehen dieser Straße eben nicht sehr anlockt … Während der Messen haben bis an den Kirchhof die Kohlgärtner und Fischer nebst den Wildpretshändlern ihren Marktplatz, wodurch aber diese an sich nicht sehr breite Straße oft so verengt wird, daß es Mühe kostet durchzukommen, wenn zwey Wagen einander begegnen …*«. So **Friedrich Gottlob Leonhardi**, Professor der »Oeconomie, Polizey- und Cameralwissenschaften« in seiner Stadtbeschreibung von 1799. Die Fachwerkhäuser sind lange verschwunden, die Kohlgärtner und Fischer auch. Von alter Bebauung ist nichts mehr zu finden, und das »Ansehen der Straße« lockt auch heute nur im oberen, südlichen Teil. Was Herr Leonhardi verdammte, würde wir heute verehren.

Das erste Haus hinter der heutigen Nikolaischule, der rechte Grundstücksteil des »Strohsack«, trug die № 752 am Standort der ehemaligen **»Wittenberger Herberge«**. Auf diesem Areal wohnte seit 1823 **Ernst Gebhardt Salomon Anschütz** mit Familie. Heute kaum noch bekannt, wohl aber seine Werke. Vom Lehrer, Organisten, Komponisten und Lied-

→ (2a)

dichter Anschütz stammt unser »O Tannenbaum«, der Text umgearbeitet an diesem Ort nach einem rührseligen Liebeslied Joachim August Zarnacks, die Melodie ist die eines Marschliedes aus der Zeit der Bauernkriege.

»Welch größeres Lob kann einem Liederdichter gezollt werden, als wenn seine Lieder schon zu Lebzeiten zu Volksliedern werden? … Es ist aber im Leben immer mein Schicksal gewesen, daß wo ich säete andere ärnteten; und wo ich gepflanzt, andere die Früchte pflückten …«

Ernst Gebhardt Salomon Anschütz

Außerdem schrieb, überarbeitete, komponierte Anschütz »Fuchs, du hast die Gans gestohlen«, »Alle meine Entchen«, und dutzende anderer Kinderlieder, verlegt ab 1824 bei **Carl Heinrich Reclam**, dem hugenottischen Vater des berühmteren **Anton Philipp Reclam**, an der Ecke Grimmaische / Ritterstraße. Mit dem saß er auch öfter beim Schach im »Hotel de Russie« (Blauer Engel) in der Petersstraße. In den Großbürgerfamilien der Winckler, Dufour usw. war Anschütz in frühen Jahren Hauslehrer gewesen. Und man hatte ihn als Katechet abgelehnt, weil er *»Backenbart trage und von diesen sey der Bürgermeister Apel ein abgesagter Feind«*, klagte er.
In seinen Aufzeichnungen ist das Protokoll der Hinrichtung Woyzecks auf dem Leipziger Markt zu finden, und das Tagebuch der Völkerschlacht bei Leipzig. Seine Lieder kennt man bis heute, den Menschen dahinter kaum noch, und auch kaum ein Leipziger weiß mit dem Namen etwas anzufangen. Der in Goldlauter – heute Teil von Suhl – geborene Anschütz hatte in seinen 63 Leipziger Jahren mindestens 8 Wohnungen, was durchaus üblich

war, denn man zog meist in möblierte, wenn die Familiensituation sich veränderte.
Noch mehr Wohnadressen – bisher 14 belegte – hatte allerdings **Johann Gottfried Seume**: Auch in der Nikolaistraße, 1802/03 im **»Amtmannshof«**, der № 562: »... *in einem dumpfigen Hofe neben einem Seifensieder*«. Da war Seume gerade von seiner Sizilienreise 1801/02 zurück und schrieb am »Spaziergang nach Syrakus«. Es wird bestialisch gestunken haben, wie man sich auch von den Gerüchen und Geräuschen früherer Jahrhunderte kaum eine Vorstellung machen kann: Kleinviehhaltung innerhalb der Stadtmauern, Schmiede und Brauer, Zuckerbäcker und Knochenkocher, Abwässer über die Rinnsteine, Pferde, Kutschen, Ochsen, Reiter ...

→ (2b)

Heute ist der »Amtmannshof« Teilgrundstück des Hotelneubaus »Motel One« dem »Strohsack« gegenüber, ganz rechts. Also auch eine zeitweilige Herberge zwischen zwei Reisen, ganz im Sinne Seumes .
Ein paar dutzend Schritte weiter auf der wie vor hundert Jahren noch immer geschäftigen Kaufmannsstraße, wenn auch die Geschäfte inzwischen andersartig sind und die Großkaufleute verschwunden, und wir stehn vor der № 24, einem Ursprungsort deutscher Theatergeschichte: **»Oelsners Hof«**. Noch immer traurig anzusehen, die Besitzer ließen das Areal nach 1990 verfallen. Jetzt hat ein Investor das Grundstück übernommen.

→ (2c)

»Oelsners Hof« ist 1914 als Um- und Neubau aus vier Grundstücken entstanden, benannt nach dem gleichnamigen Rauchwarenhändler. Bis 1750 stand hier **»Zotens Hof«**, links im Hofinnern eine Reithalle, die von wandernden Theatertruppen genutzt wurde. Die der **Friederike Caroline Neuber**, der berühmten »Neuberin«, deren Ehemann der eigentliche Prinzipal war, führte hier im Januar 1748 **Gotthold Ephraim Lessing**s Lustspiel »Der junge Gelehrte« zum ersten Mal auf. Der Dichter war natürlich ebenso anwesend wie sein Freund und dichtender Kommilitone **Christian Felix Weiße**:

»Oft schwatzte er mich noch vor Ernesti's Thüre weg, und auf die Promenade … Das höchste Vergnügen für uns war das damalige Theater in Leipzig unter der Neuberin. Wir aßen lieber trocknes Brot, ehe wir es einmal versäumt hätten. Da wir den Aufwand nur sehr schwer bestreiten konnten, so sannen wir auf Mittel, uns ein Freibillett zu beschaffen … übersetzten also gemeinschaftlich verschiedene französische Stücke, z.B. den ›Hannibal‹ von Marivaux in gereimten Alexandrinern …

Christian Felix Weiße

Weiße, Finanzbeamter, Journalist, Mäzen und Förderer junger Autoren, zählt als Literat mit dem Komponisten, späteren Gewandhauskapellmeister und Thomaskantor **Johann Adam Hiller** zu den Begründern des deutschen Singspiels.
Im Jahre 1750 kaufte der Tabakgroßhändler **Johann Gottfried Quandt** das Grundstück – es wurde »**Quandts Hof**«, bis 1896. Quandt ließ das Reithaus auf der linken Hofseite zum Komödienhaus umbauen. Singspiele wurden u.a. gegeben, und 1756 Lessings »Miss Sara Sampson«.
Im Mai 1765 hatte hier die »Buchhandelssocietät« unter dem Verleger **Philipp Erasmus Reich** (Weidmannsche Buchhandlung, Grimmaische Straße,

Friederike Caroline Neuber

heute Kaufhausgrundstück), die z.B. gegen Raubdrucke vorging, ihre erste Sitzung. Der moderne europäische Buchhandel hat in diesem Viertel seine Wurzeln.

Im Gebäudekomplex wohnte der Maler und spätere 3. Direktor der Kunstkademie, **Veit Hanns Schnorr von Carolsfeld**, als er, der Schneeberger, nach zwei Jahren Königsberg und Magdeburg 1790 wieder in Leipzig war. Schnorr war zwar kein Literat, hat aber eine umfängliche, erstmals im Jahr 2000 in Leipzig erschienene Autobiographie verfaßt, die ein außergewöhnliches Zeit- und Kulturbild bis 1832 gibt. Eine gedruckte Zeichenanleitung von ihm liegt auch vor.

Otto Friedrich Wigand

»Als ich nun aus der Stadt aufs Land zurück zu kehren im Begriff, so eben den Schlag des äußeren Rosenthaler Thor's passiert, sah ich eine mir fremde Mann'sgestalt entgegen kommen. In diesem Augenblick dachte ich an Seume … Mit gehöriger Diskretion trat ich ihm entgegen mit der Anrede: ›Vergeben Sie, mein Herr, habe ich die Ehre Herrn Lieutenant Seume vor mir zu sehen?‹ – ›So ist mein Name‹, antwortete er in einem tiefen Baßtone …«

Veit Hanns Schnorr von Carolsfeld / 1795

In »Quandts Hof« hatte im revolutionsstürmischen 19. Jahrhundert der Verleger **Otto Friedrich Wigand** seine erste Verlagsadresse. Der geborene Göttinger war in Wien, Prag und Preßburg Sortimentsbuchhändler mit Expedition in Leipzig, als er wegen angeblichen Hochverrats aus Ungarn fliehen mußte und 1834 hier seinen Verlag aufbaute. Wie seine Kollegen Reclam, Blum, Friese u.a. – übrigens alles Freimaurer – verstand er es, mit diversen

Tricks die im Gegensatz zu Preußen oder Österreich deutlich gemäßigtere sächsische Zensur zu umgehen und politische Schriften im Sinne des Vormärz und der 1848er Revolutionäre zu verbreiten. Später hat Wigand am Roßplatz 3b (Gedenktafel) auch Engels »Lage der arbeitenden Klasse in Deutschland« (1845) und Marx' ersten Band des »Kapitals« (1867) gedruckt, aber auch **Julius Schnorr von Carolsfelds** »Bibel in Bildern«. Also ein Toleranter, kein Extremist. Bei Wigand erschien 1851 die erste Biographie **Gustav Albert Lortzing**s, geschrieben von dessen Freund und Kollegen **Philipp Düringer**. Natürlich hatte die Geheimpolizei auch den gefährlichen Wigand auf der Liste. Die ewigen Spitzel zogen mit großen Ohren durch Leipzig. Auf die hiesige Aufrührerszene war ein Jacob Eduard Singer – ein treffender Nachname – angesetzt, der wie alle seiner Art Berichte an die Mainzer Zentrale schickte: *»Die Leipziger Journal-Korrespondenzen ziehen alle gegen den ›Staatsstreich‹ Österreichs gegen Reclam und Wigand los … Ich weiß nun, woher es kommt, daß die Vorschriften der sächsischen Zensur stets nur drei Tage befolgt werden. Sooft ein solcher Befehl kommt, stemmt sich Professor Bülau, der Zensor der Journale, auf spitzfindige Art dagegen. Auf solche Schrift erhält er dann niemals Antwort, und alles bleibt beim alten … Das Fest, welches der Deputation der zweiten sächsischen Kammer, die über Strafgesetzgebung berichtete, hier gegeben wurde, hat Blum veranlaßt … Die 276 Personen starke Versammlung bestand aus Literaten, Kaufleuten, Advokaten, einigen Studenten … Als Blum endlich gegen Morgen betrunken war, soll er viel revolutionäres Zeug gesprochen haben. Er sang lauter Lieder, wie: ›Fürsten zum Land hinaus‹ und die 20 Übriggebliebenen sangen größtenteils* *mit und lachten dazu …«* Gegenüber von Quandts Hof ehemalige Handelshäuser, gebaut vor und um 1900, z.T. mit den alten Firmennamen an den Fassaden. »Selter & Weinert« gehörte Pelzhändlern, die auf mehreren alten Grundstücken gebaut hatten, so auch auf № 532: Hier hatte August Löwe seine Restauration betrieben, eine Bierstube. Am 18. Januar 1866 hielt der 22-jährige Leipziger Student **Friedrich Nietzsche** vor seinem neugegründeten »Philologischen Verein« im Hinterzimmer einen Vortrag.

»… Hier im gewölbten Raume konnte ich, nachdem ich die erste Schüchternheit überwunden hatte, kräftig und mit Nachdruck mich ausgeben …«

Nietzsche, Werke und Briefe

Als Nietzsche geboren wurde, war der alte sächsische Ort Röcken mit Lützen und drei Dutzend anderen der Gegend nicht mal drei Jahrzehnte zuvor von Preußen vereinnahmt worden. Dennoch gab sich der Pfarrersohn in Leipzig sehr preußisch-national, als nämlich 1866, während des Preußisch-Österreichischen Krieges, Leipzig mal wieder von preußischen Truppen besetzt war:

»Man ist nun einmal hier eines lebhaften Hasses wie einer lebhaften Zuneigung nicht recht fähig … Die reinen Sachsen beginnen schon wieder recht üppig zu werden; man weiß leider Gottes, daß die Integrität der Landesgrenzen gewahrt wird und beginnt mit voller Lunge auf Preußen zu schimpfen. Unerträglich ist mir besonders das leise Verdächtigen, das ironische Bezweifeln preußischer Bestrebungen …«

Nietzsche, Sämtliche Briefe

Zu Recht, muß hier der fast reine Sachse – die anderen Bestandteile sind böhmisch-keltisch und slawisch – einwerfen, denn seit 1741, dem Ersten Schlesischen Krieg Friedrichs II., ist Sachsen regelmäßig von Preußen besetzt und jeweils gewaltig geschröpft worden. Bis es nach 1815 auf Betreiben der ungeliebten militanten Nachbarn nur noch einen Bruchteil seines einstigen Gebietes besaß.
Der werdende Philosoph Nietzsche hat die Jahre in Leipzig unter ›schimpfenden, ironischen, zweifelnden‹ Sachsen trotzdem genossen, auch in den Kneipen. Wir Stadt- und Kulturwanderer aber können uns nicht so richtig »ausgeben« in der unteren Nikolaistraße vor dem Brühl. Ein hoffentlich nicht ganz verlorener Ort. – Bis 1912 war die Nikolaistraße am Brühl zu Ende. Erst dann folgte der Durchbruch im Zusammenhang mit dem Bau des Hauptbahnhofs.
Vielleicht sind wir in Gedanken noch ein wenig in der Welt des 18./19. Jahrhunderts, beim derben und auch pädagogisch-aufklärerischen Theater, bei jenen Gerüchen, beim stolzen echten und dem plumpen Geldadel, bei den Studenten. Wir wühlen uns am Nikolaistraßenausgang durch das Messegewimmel der galizischen, russischen, nordischen Pelzhändler, die ihre Geschäfte auf der Straße mit Handschlag besiegeln. Und sich auch daran halten. Solch Kaufmannsethos gibt es heute nur noch in Norwegen.
Und wir treten ein Stück zurück, um sehr eiligen Studenten Platz zu machen, wahrscheinlich Jean Paul, Lessing, oder gar Wagner, die wohl vor Gläubigern und Schuldturm flüchten. – Eine angemessene Stätte der Ruhe und Sammlung finden wir hier nicht.

Haus von Käthchen Schönkopf

Schelmuffsky's Tatort

Der Brühl. Ein Name mit slawischen Wurzeln, der auf Sumpfgelände verweist, der städtische Teil einer sehr alten Ost-West-Handelsstraße, der via regia. Allerdings hat man bei jüngsten archäologischen Grabungen keine Spur von Sumpf gefunden. Dagegen war das Gelände *vor* der nördlichen Stadtmauer tiefer gelegen, von der Parthe durchflossen und morastig. Die wieder einmal wilde Bautätigkeit seit Beginn der 90er Jahre ist in mancher Hinsicht auch ein Segen: Man findet jahrhunderte-, jahrtausendealte Kulturreste. Die Stadtgeschichte muß für die Frühzeit neu geschrieben werden. Die Vorstellungen vom tumben, dunklen, kulturlosen Nord- und Ostland waren falsch. Diese Gegend war seit der Steinzeit von pfiffigen, wendigen, überlebensfähigen Menschen gestaltet.

Der Brühl war eine alte Straße der Gasthöfe und Fuhrwerksausspannen, der Rauchwaren-Fernhändler aus Osteuropa. Davon ist kaum etwas geblieben, nach Kriegen, Abrissen, Verfall, zweifelhaften Neubauten. Den historischen Geist muß man ein wenig beschwören. Mit **Christian Reuters** Büchern etwa. Oder den Briefen **Schillers** aus seiner Leipziger Zeit.
Die Messen prägten die Straße. Und Messen gab es dreimal im Jahr. Hier wurden die Geschäfte noch auf der Straße gemacht. Hier waren auch die Mieten, Lager- und Übernachtungspreise nicht so hoch

wie in der Peters- oder gar der großbürgerlichen Katharinenstraße.

→ (3a)

Schwenken wir zunächst nach rechts, östlich, bis zur Einmündung der **Ritterstraße**. Hier, auf dem nach Kriegszerstörung noch immer unbebauten Grundstück Brühl 70, hatte **Karl Christoph Traugott Tauchnitz**, einziger »Rathsbuchdrucker« der Stadt aus Großbardau bei Grimma, 1805 sein Verlagshaus errichtet. Die Kulturstädte sind vor Zeiten zum guten Teil durch die »Zugezogenen« aus der Provinz, vom Land und aus den kleineren Orten groß geworden, die Kreativen mit Maß, weiter Bildung und Tatkraft. Selten durch Kumpanei, Kungelei und politisches Kalkül; das bringt Mittelmaß und keine Qualität.

Tauchnitz verlegte Kinder- und Jugendbücher, antike Klassiker, Bibelausgaben, das hebräische Alte Testament u.v.a. – und den ersten deutschen Koran in der Originalsprache. Ein Weltbürger also, der Verleger, kein Fanatiker. Sein Sohn **Karl Christian Philipp Tauchnitz**, auch Freimaurer wie sein Vater, aber kein Geschäftsmann, verkaufte 1865 Verlag und Druckerei. Und vermachte der Stadt schließlich die anonyme »Stiftung eines Menschenfreunds«. Im Wert von mehr als 4 Millionen Goldmark.

Gegenüber führt der Neubau der »Ritterpassage« – was immer das in der Vorstellungswelt der Immobileure bedeuten soll – zum Bahnhofsvorplatz. Auf dem Gelände stand seit 1693 nicht mal dreißig Jahre lang die **»Alte Oper«**, die zweite im Reich nach der Hamburger und ein Holzbau, abgerissen wegen Baufälligkeit schon 1729. Der junge, begabte, hansdampfende **Georg Philipp Telemann** kompo-

Karl Christoph Traugott Tauchnitz

nierte, spielte, sang, schauspielerte, dichtete hier, als er 1701 *»die Direction über die Opern«* übernommen hatte.
Der Brühl war am östlichen Ende eine Sackgasse. Bis 1870/71. Da wurde das »Georgenhaus« abgebrochen, und mit ihm die im Jahre 1700 gebaute Georgenkapelle, auch »Zucht- und Waisenhauskirche« genannt. Abgerissen für den Durchbruch zum heutigen Ring und den Neubau der »Allgemeinen Deutschen Creditanstalt«. Die »Liebfrauenkapelle« von 1262 war schon 1543 abgetragen. Alles mit dem Segen von Kirche und Stadtrat. Kirchenabrisse in der Leipziger Innenstadt sind keine Erfindung der Neuzeit: die Peterskirche am gleichnamigen Stadttor mußte z.B. 1886 der Deutschen Reichsbank Platz machen!

Aber zurück zur Kultur und den Literaten. Kehren wir um und spazieren in westlicher Richtung.
Wir kommen zu schwierigen Fällen der deutschen Kulturgeschichte. Links, an der Ecke zur Reichsstraße (*via imperii*, Nord-Süd-Verbindung seit der Steinzeit), stoßen wir auf einen langgestreckten Neubau aus den 70er Jahren, vormals »Brühlpelz«. Die Vorgängerbauten sind, wie ein Großteil der alten Brühlbebauung, 1943 zerstört worden. Auf dem Eckgrundstück stand seit Jahrhunderten der große Gasthof **»Zum Roten Löwen«** mit der alten № 510. (3b) ←
Hier wohnte ab 1694 der Jurastudent **Christian Reuter** aus Kütten bei Halle an der Saale und schrieb satirische Romane und Lustspiele, die den Leipziger Bürgern so gar nicht gefallen wollten, unter diversen Pseudonymen (*Hilarius, Herr Gerge, Schelmuffsky u.a.*). Denn die Bürger Spießer wurden auf derbe, intelligente Art bloßgestellt.

1695 ließ Reuter »*L'Honnéte Femme Oder die Ehrliche Frau zu Plißine*« drucken, 1696 »*Der ehrlichen Frau Schlampampe Krankheit und Tod*«, und 1697: »*Schelmuffskys Warhafftige Curiöse und sehr gefährliche Reisebeschreibung zu Wasser und zu Lande*«. Die handelnden Personen waren allerdings seine Wirtsleute Anna Rosine und Eustachius Müller und deren Kinder. Das kam nicht gut an.

»Eure Kurfürstliche Durchlaucht geruhen gnädigst, Ihr von mir mit betrübnisvollem Gemüt in aller Demut hiermit vortragen zu lassen, wie daß ohnlängst ein sogenannter Studiosus namens Christian Reuter nach Art einer Comödie eine üppige und höchst schimpfliche Schmähschrift und Pasquill auf mich und meine Kinder … gar zum öffentlichen Druck befördert und verkaufen lassen …«

Anna Rosine Müller,
Wirtin des »Roten Löwen«, 15. August 1696

Christian Reuter wurde nach Prozessen und Karzerhaft an der Uni zwischen 1695–1699 von der Universität relegiert – und zum Schöpfer des ersten bürgerlichen Schelmenromans. 1700 ging er an den Dresdner Hof, 1703 an den Berliner. Dort wirkten seine von Johann Theile vertonten »*Paßions-Gedancken*« schließlich inspirierend für das evangelische Oratorium.

Ein anderer Schriftsteller, der Leipziger Medizinstudent und Lyriker **Johann Christian Günther** aus dem niederschlesischen Striegau, war da gerade erst geboren. Im Juni 1717 bezog er den »Roten Löwen«. Sein Förderer, Professor **Johann Burkhardt Mencke**, bemühte sich 1719 für seinen begabten Schützling um eine Stelle am Dresdner Hof Augusts

des Starken, als Gehilfe des Hofpoeten. Günther fiel durch. Es liegt, trotz aller hehren Legenden, sehr nahe, daß er stark angetrunken war. Sein Vater hatte ihn schon aufgrund seines äußerst lockeren Lebenswandels verstoßen. Johann Christian Günther ist in Jena anonym begraben.
Ein Jahrhundert später, Ostern 1820, zieht der Jurastudent **Christian Dietrich Grabbe** (1801–1836) aus Detmold im gleichen Gasthof ein. Die Theateraufführungen, die Stammtische in den Caféhäusern, »Trunksucht« und Depressionen, Exzentrik und Launenhaftigkeit lassen wenig Zeit für das Studium. Gelegentlich mag es verwundern, daß irgendein Student Leipzig mit ordentlichem Abschluß verlassen hat. Die Trinkfreude aber lag in den Zeitgewohnheiten. Biertrinken war schon für Kinder normal. In den 80er Jahren war das noch im fränkischen Thüringen Alltag, hinter den Bergen, hinter dem

Christian Dietrich Grabbe

Rennsteig, wo die alten Braurechte auf den Dörfern noch immer galten und die Zwölfjährigen beim Frühstück ihren Humpen nach Teer schmeckendes Schwarzbier auf dem Tisch hatten.

Ein Anstellungsgesuch Grabbes am Leipziger Theater bleibt erfolglos: Grabbe ist ungeeignet, wenn auch ein hervorragender Dramatiker. **Gustav Albert Lortzing** wird später Grabbes Drama »Don Juan und Faust« vertonen, 1829 in Detmold uraufgeführt.
Ein Nachbarhaus am Brühl war das **»Weiße Roß«** (№ 514). Hier begegnen wir einem guten Bekannten – natürlich **Seume**. Von hier aus – »... *Bey den*

Anna Katharina Schönkopf

Juden im Brühle im Weißen Rosse« – sendet er sein Trauerspiel »Miltiades« im Sommer 1808 an seinen Verleger Johann Friedrich Hartknoch. Vielleicht hat Seume aus Wehmut das »Weiße Roß« gewählt. Sein Vater besaß in Knautkleeberg, neben der großen Landwirtschaft, ein Gasthaus gleichen Namens. Im Mai 1809 wohnt Seume schon wieder auf einem Landgut im nahen Connewitz …

Schräg gegenüber mündet die kurze Straße »Am Hallischen Tor«, dem nördlichen der ehemals vier Stadttore. Demnächst wird hier ein offenbar dringend benötigtes, riesiges Einkaufscenter entstehen. Vielleicht erinnert man sich dann, daß gleich neben dem Eckhaus 1828 **Robert Schumanns** erste Studentenwohnung (№ 454) lag, und ein paar Schritte weiter die Gastwirtstochter **Käthchen Schönkopf** den sehr jungen **Johann Wolfgang Goethe** verwirrte.
Die andere Straßenseite erscheint auch nicht eben berückend. Der Würfel, von manchem Leipziger auch »Duschkabine« genannt oder »Hochbunker«, ist das neue Bildermuseum. Das alte war 1856 gegründet und finanziert worden von kunstsinnigen Bürgern, 1858 eröffnet auf dem Augustusplatz. Im neuen ist viel Beton und wenig Platz für Bilder.

Nun sind wir mit den Literaten am Brühl fast am Ende. Wenn wir nicht unbedingt **Richard Wagner** dazuzählen wollen, der sich zumindest als Dichter verstand: »… indem ich selbst zum künstlerischen Dichter ward …« (1851)
»Weia! Waga! Woge, du Welle! Walle zur Wiege! Wagalaweia! …« (1869)
»Das Lied vom Siege-Fried« (1871)

Bis eine reichsdeutschlandweite Abstimmung unter den Schriftstellern das Urteil fällte: Kein Dichter …! Wagner war traurig darüber. Der kleine Richard wurde im Haus **»Zum Roten und Weißen Löwen«** (№ 318) geboren, wurde aber schon 1814 nach Dresden verzogen. In Leipzig hat er insgesamt nur sieben schwierige Jahre verbracht.

Ein Stück rechts daneben, etwa gegenüber der Einmündung Katharinenstraße, stand der sich bis zur
→ (3c) Stadtmauer erstreckende Gasthof **»Drei Schwanen«** mit der alten № 320. Hier hat **Martin Luther** mehrmals auf der Durchreise übernachtet, u.a. als »Junker Jörg«. Und Sachsen und Mitteleuropa hat er einen gewaltigen Bildungsschub gebracht. Bildung für alle, und nicht nur für einige Klosterschüler. Und hier war seit 1743 das vom Kaufmann **Gottlieb Benedict Zemisch** und anderen Freimaurern – die waren im 18. Jahrhundert aufklärerisch, fortschrittlich, aufmüpfig – gegründete **»Große Concert«** ansässig, Vorläufer des **»Gewandhaus-Orchesters«**, seit 1763 geleitet von **Johann Adam Hiller**.

→ (3d) Das **Romanushaus**, Eckgebäude zur Katharinenstraße, wurde bis 1704 vom Leipziger Bürgermeister **Franz Conrad Romanus** erbaut, protegiert vom sächsischen Kurfürsten und König von Polen, August dem Starken. Gefälschte Stadtakten, Schuldscheine und andere Peinlichkeiten Romanus' in hohen Talersummen düpierten auch den Kurfürsten. Romanus saß schließlich vier Jahrzehnte auf der Festung Königstein. Derartige Geschichten ziehen sich über die Jahrhunderte.

Romanus' Tochter **Christiana Mariana von Ziegler** dichtete, veröffentlichte in Gottscheds Zeitschriften, unterhielt im Haus einen künstlerischen Salon. Bach

nutzte sieben ihrer Texte für seine Kantaten, mehr als 1.500 hat er komponiert.
In der 2. Etage des Gebäudes befand sich im 18. Jh. **»Richters Kaffehaus«**.

»... Wenigstens ist, selbst in meinen Augen, das Gedränge von Verkäufern und Käufern weit unter der Beschreibung, die man mir im Reich davon gemacht hat. Ich habe in der ersten Woche meines Hierseins schon unzählige Bekanntschaften gemacht, worunter Weiße, Öser, Hiller, Zollikofer, der Professor Huber, Jünger, der berühmte Schauspieler Reineke, einige hiesige Kaufmannshäuser und einige Berliner die interessanesten sind ... Meine angenehmste Erholung ist bisher gewesen, Richters Kaffeehaus zu besuchen, wo ich immer die halbe Welt Leipzigs beisammen finde und meine Bekanntschaften mit Einheimischen und Fremden erweitere ...«

Friedrich Schiller, 24. April 1785

Alle verkehrten hier, ein Treffpunkt der Intellektuellen, Kulturfreunde, Künstler, besonders während der drei Messen im Jahr. In der DDR-Zeit hatten die Künstlerverbände hier ihren Sitz. Gegenüber stand bis 1546 die Katharinenkapelle, bis sie abbrannte und weggerissen wurde. Die Straße hat ihren Namen von ihr.
Am Brühlausgang, nahe dem Ranstädter Tor – heute: etwa Richtung Haltestelleninsel – stand bis 1943 das **»Komödienhaus«**, später **»Altes Theater«** genannt. → (3e)
Gebaut hatte es 1765/66 auf den Grundmauern der »Rannischen Bastei« eben jener **Gottlieb Benedict Zemisch**, der auch Mitbegründer des »Großen Concerts« und damit des Gewandhausorchesters war. Eröffnet wurde das Theater am 10. Oktober 1766

mit der national intendierten Tragödie »Hermann« von **Johann Elias Schlegel**, einem Onkel der berühmteren Schlegel-Brüder August Wilhelm und Friedrich. Der junge **Goethe** saß natürlich auch im Publikum. Und 1801 besuchte **Friedrich Schiller** mit Ehefrau die 3. Aufführung seiner »Jungfrau von Orleans« – und wurde in einer Art Triumphzug von den Bürgern ins »Hotel de Bavière« an der Petersstraße geleitet. Später hat hier **Gustav Albert Lortzing** gesungen, gespielt und komponiert, und **Robert Blum** war zur gleichen Zeit Theatersekretär. Und Dichter, Verleger, Volksredner.

Wir gehn über den Richard-Wagner-Platz ein paar Schritte nach links. Eine grüne Insel und Bänke, kurz vor der Stadtmauer, sozusagen. Dort sitzt **Samuel Hahnemann** auf hohem Sockel – wie nie zuvor in seinem Leben. Von Apothekern und Ärzten gemobbt, die um ihre Pfründe fürchteten. Auch am Brühl hat er mal gewohnt, gegenüber dem Bilderbunker. Er sitzt mit dem Rücken zur Stadt, in der er immerhin 11 Jahre lebte und praktizierte und die ihn ein wenig garstig behandelte. Freunde und Verehrer haben ihm 1851 das Denkmal gestiftet. Im Sockel ist unverschämterweise eine originale Verteidigungs (Hand-) schrift Hahnemanns gegen die Leipziger Apotheker aus dem Ratsarchiv eingemauert. Der spätere Archivar Gustav Wustmann fand das gar nicht lustig, sondern den Vorgang ›unglaublich‹! Wir nicht.

→ (3f)

Das langgestreckte, dominierende Gebäude am Platz ist der **»Große Blumenberg«**, 1963/64 wieder aufgebaut in historisierender Gestalt. 1749 spielten auf den Färberböden des Hauses die **Neuberin**, danach der Principal **Heinrich Gottfried Koch** mit ihren Theatertruppen.

Im Hof ein alter restaurierter Fachwerkbau: »Wagners« – Restaurant & Weinwirtschaft lädt uns ein. Nehmen wir das Angebot an und genießen an historischem Ort gute Weine, gutes Essen, angenehme Atmosphäre.

Ranstädter Tor

Expressionistische Impressionen

»*Die Hainstraße hochgehen*«, klingt nach schamloser Aufschneiderei eines Flachländers. Wir tun es trotzdem: Es geht nämlich hoch, ein wenig. Zumindest bis zum Wilhelm-Leuschner-Platz vor der südlichen Stadtmauer, dem alten Mittelpunkt des Slawen-Gaus »Chutizi«. Zunächst aber sind wir in einer Straße aus der Zeit der nominellen Stadtgründung um 1165, die Ersterwähnung war schon 1015 in einer Urkunde.

Am »Richard-Wagner-Platz«, erster Markt der Stadt im frühen Mittelalter, münden, spitz aufeinander zulaufend, zwei Straßen: Die »Große Fleischergasse«, die wohl älteste Straßenführung Leipzigs, und die »Hainstraße«. Auf ihr rollten Jahrhunderte, vom Ranstädter Tor kommend, von der Landstraße aus westlicher Richtung, die Postkutschen hinauf zu den Gasthöfen oder zur Posthalterei. Der Name hat mit dem Rosental zu tun, das früher »*der* Rosenthal« genannt wurde und wahrscheinlich auf eine heidnische Kultstätte deutet. In der schmalen Hainstraße sind gut 500 Jahre Literatur-, Musik- und Religionsgeschichte versammelt.

Auf der im Zweiten Weltkrieg freigebombten Fläche rechts stand u.a. ein Durchgangshof – **»Bärmanns Hof«**, heute wäre es die № 23 – mit **»Wilhelms Weinstuben«**. An dieser Stelle werden in einem häßlichen Flachbau preisgesenkte Bücher angeboten … Mit der nach Foto und Schilderungen ein we- ← **(4a)** nig düsteren Kneipe verbinden sich u.a. die Namen **Max Brod, Max Dauthendey, Walter Hasenclever, Georg Heym, Franz Kafka, Gustav Meyrink, Kurt Pinthus, Georg Trakl, Johannes R. Becher** … Eine Brutstätte des deutschen Expressionismus in der Literatur. Gigantisch! Das wäre schon ein guter Grund, hier eine stille Weihestätte einzurichten für vergessene Dichter und Gewissensempörer. Mit Rotweinausschank und mahnenden Stelen. Aber demnächst entsteht hier ein neues Geschäftshaus. **Ernst Rowohlt** hatte seit 1905 im Leipziger Verlag Breitkopf & Härtel und bei **Anton Kippenberg** gelernt. Und 1908 seinen eigenen Verlag gegründet, einen »*Tummelplatz der freien Geister*«. Geldgeber und Kompagnon wurde **Kurt Wolff**. In »Wilhelms Weinstuben« wurden die jungen Autoren eingeführt, Texte besprochen und redigiert, Verträge abgeschlossen. Und abends zog man in den »Kaffeebaum«, ins »Merkur« gegenüber der Thomaskirche, oder ins »Café Bauer« am Roßplatz.

»Wilhelms Weinstuben, dämmriges Lokal in einem Hof, Rowohlt. Jung, rotwangig, stillstehender Schweiß zwischen Nase und Wangen … Eigentümliches tägliches Mittagessen in der Weinstube. Große breite Weinbecher mit Zitronenscheiben«

Franz Kafka, 1912

Ein paar Schritte daneben, die Hainstraße hinauf: Der **»Jägerhof«** (№ 17/19). Kaum mehr bekannt ist, daß in einem Vorgängerbau zwar kein Literat, aber immerhin der Ton-Dichter **Johann Sebastian Bach** mit Familie wohnte, als 1731/32 die Thomasschule um- und ausgebaut wurde und er mit seinen zahlreichen Kindern weichen mußte.

Gegenüber die breite Front des ehemaligen **»Hôtel de Pologne«**, mehrfach umgebaut, zuletzt Messeamt. **Gustav Albert Lortzing**, Autor vieler seiner Bühnen-Libretti, verkehrte hier häufig. Als Mitglied und Musikdirektor des Schiller-Vereins, des »Tunnel über der Pleiße«, Gast diverser Bälle. Leipzig ist *die* Lortzing-Stadt, aber man hält ihn noch immer für einen minderen Komponisten. Das hat zu tun mit der gekonnten Leichtigkeit seiner Musik, und mit der Verfälschung und Verstümmelung seiner Texte ebenso wie mit der Überheblichkeit der Macher »ernster« Musik. Das Hotel de Pologne war lange Zeit Stammhaus der Gesellschaft »Tunnel über der Pleiße« für Tagungen und Festlichkeiten, einer heiteren und durchaus nicht unpolitischen Gesellschaft, die mittels Sprachwitz die zeitlos-schlichten Polizeispitzel verstörte. Lortzing hat einen Großteil seiner Bühnenwerke in Leipzig geschrieben, darunter »Zar und Zimmermann«. Und fand die Zeit, aktives Mitglied aller möglichen Vereine zu sein, darunter des Literaten-Vereins, der Freimaurerloge »Balduin zur Linde« und eben des Schiller-Vereins. Der veranstaltete am 9. November 1840 im großen Saal des Hotels das 1. Leipziger Schiller-Fest, organisiert von **Robert Blum**. Am 9. November! Da wurde Sachsen gerade geteilt unter die Ernestiner und die Albertiner, da war der 18. Brumaire Na-

Gustav Albert Lortzing

Robert Blum

poleon Bonapartes, wurde Robert Blum in Wien erschossen, mußte der Adel abdanken im Deutschen Reich, Hitlerputsch, Reichspogromnacht – und Öffnung der Berliner Mauer. Manche Tage sind für Veränderungen wie geschaffen, schlimme wie gute. Es muß die Jahreszeit sein …

Eines der drei früheren Häuser des Hotel-Grundstücks, »Zum Birnbaum«, gehörte im frühen 16. Jahrhundert **Melchior Lotter**, dem Drucker **Martin Luther**s. Bei ihm hat der Reformator mit **Philipp Melanchthon** 1519 und später während der berühmten Leipziger Disputation gewohnt, eine Gedenktafel ist im Jahre 1983 angebracht worden. Man muß gerechterweise dazu sagen, daß Luther Leipzig nicht besonders liebte: »Leipzig leipzigert, wie man's von ihm gewohnt ist«. Die Kaufleute, die Mönchsorden, die Theologische Fakultät hier waren ihm ein Greuel.

Auch die Hainstraße 9, früher die № 200, verbindet sich mit einem großen Literaten: **Theodor Fontane**. Der in der Jugend »eifrige Ballspieler« und »brillante Stelzenläufer« war im März 1841 in Leipzig eingetroffen und wie der sehr junge Kollege Goethe 76 Jahre zuvor beeindruckt vom weltstädtisch-großbürgerlichen Gepräge der alten Kultur- und Handelsstadt. Er trat seine neue Stelle an als Gehilfe in der Apotheke **»Zum weißen Adler«**. Das Hauszeichen hängt noch im Hof. Der Name kommt daher, weil 1709 ein Akzisrat Nikolaus Jerr im Haus mit dem Gasthof »Zum blauen Adler« die Apotheke mit Privileg des sächsischen Kurfürsten und polnischen Königs Friedrich August, genannt August der Starke, gegründet hat. Der weiße Adler war das polnische Wappentier. Fontane wohnte in einem

→ (4c)

Hinterhof zwei Grundstücke weiter, im »**Kleinen Joachimsthal**«. (4d) ←

»… Über einen schmalen und rumplig verbauten Hof weg … stiegen wir drei Treppen hoch in ein Hinterhaus hinauf, in dessen oberster Etage das Personal in zwei Stuben untergebracht war, … für uns aber, und wir waren unsrer vier, existierte nur eine daneben gelegene kleine Stube mit einem noch kleineren Alkovenanhängsel, in welch letzterem vier Betten standen, von denen zwei nur mit Hilfe von Überkletterung erreicht werden konnten. Dieser Alkoven, fensterlos, empfing sein Licht durch das vorgelegene Zimmer, das aber eigentlich auch kein Licht hatte …«

Theodor Fontane,
»Zwischen Zwanzig und Dreißig«, 1898

Fontane war dabei, als Literat anerkannt zu werden. Er schrieb ein Spottgedicht auf den peinlichen Schillerkult, der soeben mit Schillers Weste, die heute im Schillerhaus hängt, betrieben wurde. Und »Shakespeares Strumpf« kam zum großen Ärger des Vereins um Robert Blum und vieler braver Bürger in die Zeitung.

Martin Luther

Shakespeares Strumpf

Laut gesungen, hoch gesprungen.
Ob verschimmelt auch und dumpf,
Seht, wir haben ihn errungen,
William Shakespeares wollnen Strumpf.

Seht, wir haben jetzt die Strümpfe,
Haben jetzt das heil'ge Ding,
Drinnen er durch Moor und Sümpfe
Sicher vor Erkältung ging.

Und wir huldigen jetzt dem Strumpfe,
Der der Strümpfe Shakespeare ist,
Denn er reicht uns bis zum Rumpfe,
Weil er fast zwei Ellen mißt.

Seht, wir haben jetzt die Strümpfe,
Dran er putzte, wischte, rieb,
Ungezählte Federstümpfe,
Als er seinen Hamlet schrieb.

Drum herbei, was Arm und Beine,
Euer harret schon Triumph,
Und dem »Shakespeare-Strumpfvereine«
Helft vielleicht ihr auf den Strumpf.

Es wurde ein Skandal. Und nicht nur Blums Schillerverein war sehr traurig über die Unverschämtheit. Auch schien Fontane offensichtlich nicht sehr begeistert von der Person Robert Blum zu sein, dem späteren 1848er Volkshelden:

»... Möglich ist alles. Aber nach dem Eindruck, den ich meinerseits von Blum empfangen habe, hätte er zu einem ›Präsidenten von Deutschland‹ nicht ausgereicht, auch achtundvierzig nicht. Es hätte dazu der Reaktion nicht bedurft; er wäre schon am Professorentum gescheitert ...«

Theodor Fontane,
»Zwischen Zwanzig und Dreißig«, 1898

Zwei Grundstücke weiter gelangen wir an das »**Kleine Joachimsthal**«, früher auch als »*Der* Kleine Joachimsthal« bezeichnet, ein alter Durchgangshof zur Fleischergasse. **Friedrich Schiller** wohnte hier 1785 und noch einmal in späteren Jahren. Er war nur ein Sommerhalbjahr in Leipzig, umschwärmt als »Räuber«-Dichter von der ganzen Stadt. Die meiste Zeit aber war er im Dorf Gohlis (»Schillerhaus«). Und arbeitete u.a. am »Don Carlos«. Das Lied »An die Freude« hat er dort wohl nicht geschrieben: Es gibt keinen Beleg, aber alle Indizien sprechen für Dresden. Ein Trink- und Gesellschaftslied im Stil der Zeit. Erst Beethovens Vertonung in einer stark gekürzten und veränderten Fassung hat es »geadelt«. Und vor allem daher kennt die Nation Schillers Gedicht.

»... ›Die Freude‹ hingegen ist nach meinem jetzigen Gefühl durchaus fehlerhaft, und ob sie sich gleich durch ein gewisses Feuer der Empfindung empfiehlt, so ist sie doch ein schlechtes Gedicht und bezeichnet eine Stufe der Bildung,

die ich durchaus hinter mir lassen mußte, um etwas Ordentliches hervorzubringen. Weil sie aber einem fehlerhaften Geschmack der Zeit entgegenkam, so hat sie die Ehre erhalten, gewissermaßen ein Volksgedicht zu werden. Deine Neigung zu diesem Gedicht mag sich auf die Epoche seiner Entstehung gründen; aber dies gibt ihm auch den einzigen Wert, den es hat, und auch nur für uns und nicht für die Welt noch für die Dichtkunst«

Schiller an Christian Gottfried Körner,
21. Oktober 1800

Am 22. Februar 1785 schon hatte Schiller an Körner geschrieben: »In meinem Leben erinnere ich mich keiner so innigen prophetischen Gewißheit, wie diese ist, daß ich in Leipzig glücklich seyn werde ...«
Noch ein Blick auf die andere Straßenseite: das alte Bürgerhaus Hainstraße № 8. Hier wohnte 1767 bis 1771 mit einer Gruppe von Zarin Katharina II. geschickter Studenten **Alexander Radistschew**, der spätere russische Literat, Schriftsteller, Aufklärer und Revolutionär. Seit der Restaurierung des Hauses ist die Gedenktafel verschwunden. –
Eine Straße voller Geschichte und Literaten, mit dem Flair des alten Leipzig ... Ein Restaurant oder gar eine Ausruhbank gibt es hier – noch – nicht. Wir schleppen uns leise klagend zum Markt.

Königshaus
Gebrüder Dietrich.
SEIDEN-WAAREN-LAGER

Herr Bach schreitet zum Rathaus

Renaissance, Barock, später Klassizismus, sachliches 20. Jahrhundert: Der Leipziger Marktplatz. Entstanden im 13. Jahrhundert, treffen sich hier die wichtigsten Straßen aus den vier Himmelsrichtungen. Der Markt hat sich trotz Kriegszerstörungen und Neubauten noch einen guten Teil seiner Anmutung bewahrt.

An der Nordseite, gleich neben der Hainstraßeneinmündung, das **Haus № 6** mit dem Steildach und der Spitzturm-Mansarde. Eine Gestalt beugt sich aus dem kleinen Fenster. Und philosophiert laut, hoch über dem Markt: (5e) ←

»Von hier oben werden die Dinge so klein, wie sie wirklich sind. Da blasen die Stadtpfeifer gar jämmerlich ein Ständchen für den neuen Stadtkommandanten, und mir stehn die Barthaare zu Berge. Da reitet ein Trupp bunter Franzosen über den Markt, die Nase hoch und die Peitsche im Stiefel, und sie wissen nichts von diesem Land. Und die Leute buckeln bis in den Staub und ziehn die Hüte, als schämten sie sich ihrer eignen Kultur und eignen Persönlichkeit. Wenn sie die nur noch hätten! Alles kehrt jetzt den Rock, und täglich hat eine deutsche Nase mehr eine französische Kokarde aufgepflanzt. Es ist das bloße Bedürfnis, etwas zu sein …«

frei nach Seume

Auch hier wohnte also Freund **Seume** (Gedenktafel), 1787/88, asketisch, wie er sagt, und bibbernd vor Kälte bei Wasser und Brot … Sagt er. So ließ er sich lieber oft einladen zum Essen, von der Dichterin **Elisa von der Recke** z.B., wenn sie in der Stadt war, oder von **Schnorr**, oder **Friedrich Rochlitz**, dem großen Musikkenner.
Ein Jahrhundert danach hatte sich im Erdgeschoß »Baarmanns Hof« etabliert, ein Restaurant, in dem diverse Stammtische stattfanden von Ärzten, Turnern, Literaten, Künstlern. Hier hat u.a. der Maler **Max Klinger** Karten gespielt und schön gezecht. Was wäre die Stadt ohne ihre Künstler- und Stammtischkneipen. Die gibt es noch immer, im Kaffeebaum und bei Grundmann in der Südvorstadt etwa. Mit wechselnden Besetzungen, schönem Klatsch und manchmal Ideen, die Wirkung zeigen.

Hier am Markt sollte man eine Wanderpause einlegen, z.B. im Restaurant unter den Rathausarkaden, auf dem Freisitz. Man kann sich zurücklehnen, in sich hinein-, oder besser noch: hinaushorchen. Man kann die Szene nach eigenem Ermessen beleben. Die Gestalten aus achthundert Jahren Leipziger Kulturgeschichte herauslocken. **Johann Sebastian Bach**, wie er im Mai 1723 durch das Marktgetümmel zum Rathaus schreitet, um seinen Anstellungsvertrag als Musikdirektor und Kantor abzuholen. Den schelmischen **Ernst Theodor Amadeus Hoffmann** und den blassen **Schiller**, den singenden **Lortzing** und den spöttelnden **Erich Kästner**. Und natürlich die Hundertschaften von Möchtegern-Dichtern. Auch die hochmütigen Besatzer, die Franzosen, dürfen nicht fehlen, wie auch die ewigen Spitzel seit spätestens 1815.

In die Szene drängen sich kostümierte Stadtführer mit merkwürdig gestelzter Sprache, die sie für historisch halten. Da sind wir wieder in der Gegenwart.

Das **»Alte Rathaus«** dominiert den Platz, gebaut zwischen 1556 und 1558 unter Einbeziehung von Gründungen und Mauerwerk dreier Vorgängerbauten, darunter dem gotischen Rathaus. Dichter sind hier eher kaum ein- und ausgegangen. Die meiden im allgemeinen Verwaltung und Beamtenburgen. Die Leipziger Stadtverordneten wollten das Alte Rathaus 1904 gar abreißen; nur eine Stimme Mehrheit verhinderte das.

Ein Bürgermeister aber, der bedeutendste wahrscheinlich, war auch ein Dichter: **Carl Wilhelm Müller**. Er hat mit den Miterfindern des »Großen Concerts«, **Johann Gottfried Peinemann** und **Carl Heinrich Schwabe**, mit dem Mathematiker **Abraham Gotthelf Kästner** und **Christian Felix Weiße** eine »Journalistische Gesellschaft« gegründet, einen »Versuch in Gedichten« publiziert und an der »Brittischen Bibliothek« mitgearbeitet. Er hat den Abriß der Festungswerke inklusive Stadtmauern vorangetrieben, die Promenaden anlegen und den »Concertsaal« einbauen lassen im Zeughaus am Alten Neumarkt (Universitätsstraße). Müller hat die Ratsfreischule gegründet, die Nikolaikirche in

Christian Felix Weiße

(5a) ←
5 MARKT

ihrer heutigen Form umgebaut mit **Dauthe, Oeser, Rosenmüller** und **Schnorr** u.a. Alles gegen heftige Widerstände. Und er hat – als Jurist – **Lessing** erfolgreich verteidigt gegen den knausrigen, wortbrüchigen Kaufmann **Christian Gottfried Winckler** von der »Großen Feuerkugel«. Lessing, der große Aufklärer, Aufrüttler, Aufheller gegen die Dunkelheit in den Köpfen und die Anmaßung. Das hat nur ein knappes Jahrhundert gehalten. Bis eine spätere Generation wieder rebellierte, 1848.

Am Rathaus ist eine Gedenktafel für **Robert Blum** angebracht, dahinter in einer Urne Asche aus seinem Wiener Grab. Widersprüchlich als Person, aber ein großer Demokrat und Redner. Auch ein bißchen Literat war er: Mitarbeiter an den 7 Bänden des »Allgemeinen Theaterlexikons« ab 1839, Gründer des Leipziger Schiller-Vereins (siehe Fontane), mit **Robert Friese** Gründer der Verlagsbuchhandlung »Robert Blum & Comp.«. Und auch Gründer der »Deutsch-Katholischen freien Gemeinde« in Leipzig, heute noch lebendig als »Alt-Katholische Gemeinde«, 1848 im deutschen Vorparlament. So viel Engagement gegen die maroden Zeitverhältnisse war damals schon gar nicht erlaubt. *»Erschossen wie Robert Blum«* war bis ins 20. Jahrhundert ein geflügeltes Wort der älteren Generationen in Sachsen.

»Alles in allem halte ich auch jetzt noch Blum für den besten Mann des damaligen deutschen Parlaments. Ein Sokrates von Gesicht und Gestalt; aber breiter, stämmiger, mit hervortretenden Schultern und gewölbter Brust. Er hatte viel studiert und war von umfangreichem Wissen, namentlich in der Geschichte. Dazu besaß er eine klassische Ruhe und sprach nach einem festen und durchdachten Plan. Sein

Organ war ein vollkommener Bariton, seine Haltung eine ernste ... Die Frauen verehrten ihn trotz seiner Häßlichkeit. Als geborener Amerikaner hätte er es weit bringen können. Aus solchem Stoffe macht man Präsidenten ...«

Hugo Wesendonck, Zeitgenosse. Nach Fontane

Der Markt war auch Stätte öffentlicher Hinrichtungen mit Massenaufläufen. Die letzte fand am 27. August 1824 statt. Der Mediziner und Schriftsteller **Georg Büchner** (1813–1831) hat aus dem Stoff, entnommen einer verbreiteten Ärztezeitung, seinen »Woyzeck« gemacht. Im Dorf Gohlis allerdings hat man noch 1842 einen Delinquenten mit dem Schwert gerichtet.

An der Südseite des Marktes fällt ein barockes Gebäude ins Auge: Das **»Königshaus«**, gebaut 1704 vom Kaufmann **Andreas Dietrich Apel**. Deshalb »Apelsches Haus«, später »Thomäisches Haus« genannt. Das sächsische Fürstenhaus hatte das Gebäude über mehr als ein Jahrhundert, bis 1827, für jährlich 2.000 Taler gemietet, als Absteige. Um auch mal dem Mief der Dresdner Residenz zu entkommen. Kann man verstehen. Hier wohnten **August der Starke, Friedrich II., Napoleon** ... Der österreichische Generalfeldmarschall von 1813, **Karl Philipp Fürst zu Schwarzenberg**, ist hier gestorben trotz Betreuung durch den Arzt und Homöopathen **Samuel Hahnemann** (1755–1843). Da war nichts mehr zu machen; es war wohl die Leber ... Aber Hahnemann gab man die Schuld. Treten Sie da drüben mal in die Passage und gleich links durch die Tür. Ein Wendelstein aus der Entstehungszeit des Hauses, mit einer Tafel für Schwarzenberg.

Christian Fürchtegott Gellert hatte im Apelschen Haus am 11. September 1760 – im Siebenjährigen

(5b) →

Krieg – einen großen Auftritt vor dem Preußenkönig: »*Sire, ich bin ein Original!*«, hat er dem entgegnet auf die Frage, ob er ein Nachahmer Lafontaines sei. Dichter, wenn sie's sind, haben Charakter.
Und wieder treffen wir hier Jung-**Goethe**. In einem der Hofgebäude hatten die Grafen von Lindenau – sächsischer Hofadel – Dauerquartier. Hofmeister, Erzieher, war **Ernst Wolfgang Behrisch**, Freund des späteren Faust-Dichters Goethe. Man hat ihm bald gekündigt unter dem Vorwurf schlechten Beispiels und liederlichen Lebenswandels. Aus beiden ist trotzdem was geworden.
Im frühen 19. Jahrhundert wohnte hier der Onkel **Richard Wagner**s, der ewige Junggeselle, Gelehrte und Schriftsteller **Adolph Wagner**, ein Briefpartner Goethes, der auch den achtjährigen Neffen Richard einige Tage aufnahm.

»In einem dieser Prunkgemächer war es denn auch, wo mir meine Schlafstelle zugewiesen wurde … Nur an einem Schmuck dieser Räume hatte ich sehr zu leiden: das waren die verschiedenen Porträts, namentlich der vornehmen Damen im Reifrock mit jugendlichen Gesichtern und weißen (gepuderten) Haaren. Diese kamen mir durchaus als gespenstige Wesen vor …«

Richard Wagner, »Mein Leben«

Rechts neben dem »Königshaus«, Ecke Petersstraße, stand vor Zeiten ein Kaffeehaus. Hier hatte **Georg Philipp Telemann** regelmäßig sein »Collegium musicum« versammelt: Studenten, Akademiker, bürgerliche Musikliebhaber. Und hier hatte der spätere Besitzer Lehmann und Gründer des »Kaffeebaum« Kurfürst August den Starken zu Gast, der ihn zum Hof-Chocolatier machte. Hier, nicht im »Kaffeebaum«.

Gegenüber eine große Freifläche mit Imbiß. Das <u>**»Fabersche Haus«**</u> stand da, mit dem Schriftsteller, Zeitschriftenherausgeber und Kreissteuereinnehmer **Christian Felix Weiße** und seiner Frau Christiane geb. Platner als Bewohner seit 1763. Weiße, sehr engagiert, produktiv, aber kein literarischer Leuchtturm, hat junge Autoren gefördert und vermittelt, so etwa **Jean Paul, Seume, Fichte**, und als Textautor mit **Johann Adam Hiller** aus Wendisch-Ossig, erster Gewandhaus-Kapellmeister, das deutsche Singspiel wesentlich befördert. Und damit die Entstehung der deutschen Oper. Auch Hiller hat in Platners Haus gewohnt, ab 1758 als Hofmeister des jungen Grafen Heinrich Adolph von Brühl. (5c) ←

Wieder Richtung Hainstraße wandelnd, kommen wir zu Markt 10, Ecke Barfußgäßchen, das ehemalige <u>**»Thomasiusische Haus«**</u>, ein Durchgangshof, der einmal der Gelehrtenfamilie **Thomasius** gehörte. Später »Kaufhalle« genannt, in der DDR als »Handwerkerpassage« restauriert. Hier wohnte natürlich **Seume**, 1791, und zuvor als Student **Veit Hanns Schnorr von Carolsfeld**. (5d) ←

Das Barfußgäßchen, benannt nach den barfüßigen, aber einstmals wohllebenden Franziskaner-(Bettel)-

Veit Hanns Schnorr von Carolsfeld

Mönchen, bis sie von den Leipzigern per Klage in Rom vertrieben wurden und der Papst eine andere Sparte des Ordens einquartierte. Die zu lebenslustigen Mönche hatten es zu weit getrieben. Heute ist das Barfußgäßchen Kneipenterritorium. Feuerwehrübungen haben hier keine Chance. Man hat es versucht, kam aber mit dem Gerät nicht durch. Leipziger sitzen hier übrigens kaum. Man will sehen und gesehen werden. In der Bettelmönchgasse.

Matthäikirchhof

E.T.A. Hoffmann (Selbstportrait)

Stammtische und E.T.A.

Im August 1841 saß ein Dichter auf der britischen Insel Helgoland und feilte an seinem »Lied der Deutschen«. »Einigkeit und Recht und Freiheit ... Seit 1922 Nationalhymne. **August Heinrich Hoffmann**, der sich nach seinem Geburtsort im Lüneburgischen **»von Fallersleben«** nannte. Seine »Unpolitischen Lieder« verstand das preußische Kulturministerium allerdings als »staatsgefährdend«, mit »politisch anstößigen Grundsätzen und Tendenzen« – und sorgte für seine Entlassung an der Breslauer Universität, ohne Pension.

In Leipzig ging es liberaler zu, und Fallersleben war oft hier, auf der Durchreise, bei seinen Freunden und Verlegern. Sie saßen auch in **»Barthels Hof«** – vom Markt bzw. der Hainstraße führt ein Durchgang hierher – im Hinterhaus in einem kleinen Zimmer, diskutierten den erbärmlichen Zustand Deutschlands, auch damals in zänkische Kleinstaaten zersplittert, und sägten ein bißchen an den Stühlen der Mächtigen.

Fallerslebens wichtige Verleger waren in Leipzig Breitkopf & Härtel, Brockhaus, Arnold Ruge, Georg Wigand, Friese, Engelmann, W. Baensch u.a. Und von **Robert Blum** erschien die »Lebensbeschreibung des Hoffmann von Fallersleben« im »Volkstaschenbuch für das Jahr 1843«:

»Den 3. März begab ich mich nach Leipzig. Ich ging gleich nach meiner Ankunft zu Härtel [Breitkopf und Härtel, Universitätsstraße / Alter Neumarkt]. Ich erschrak nicht

(6a) ↑

wenig, als mir Härtel das Heft meiner Lieder zeigte so ganz in demselben Zustande, wie ich es ihm übergeben hatte vor einigen Monaten. Er versprach mir, er wolle noch heute mit [Carl Friedrich] Zöllner sprechen. Den folgenden Tag ging ich zu diesem. Was war da weiter zu sagen? Zöllner hatte auf Härtel und dieser auf Zöllner gewartet und so lag die ganze Arbeit in gutem Frieden. Er versprach, jetzt die Sache in Angriff zu nehmen … Das Leipziger Litteratenthum stand damals in hoher Blüte, es suchte sich durch den Litteratenverein zu einer geschlossenen Körperschaft zu gestalten und so den Buchhändlern, dem Staate und dem Publicum gegenüber seine Interessen geltend zu machen. Es beherrschte einen großen Theil der Unterhaltungslitteratur durch Redaction von Zeitschriften, durch eigene Erzeugnisse und kritische Besprechungen. Mir ergab sich häufig Gelegenheit, den einen und den andern zu sehen und zu sprechen: Laube, Diezmann, Herm. Marggraff, von Corvin u.a. Auch die Publicistik hatte in Leipzig damals manchen Vertreter. Ich verkehrte viel mit Robert Blum, seinem Schwager Günther und Dr. Julius. Mit der eigentlichen gelehrten Welt kam ich wenig in Berührung. Moriz Haupt sah ich nur einmal …«

Hoffmann von Fallersleben, 1843 / 1849

»Barthels Hof«, benannt 1746 nach dem Kramermeister und Besitzer Gottfried Barthel und erbaut 1523 für einen Vertreter des Augsburger Bank- und Handelhaus der Welser, ist der einzige erhaltene Handelshof aus der Zeit der Warenmesse, seit 1749 äußerlich fast unverändert. Im einbezogenen Haus »Goldene Schlange«, Hainstraße 1, war 1563 ein Ratsweinkeller entstanden, 1890 wieder eine Gast-

stätte. Seit 1970 gibt es das empfehlenswerte Restaurant »Barthels Hof« (1997 wieder eröffnet).
Bei Grabungen im nie bebauten Hofbereich fand man u.a. Abfallgruben mit spätslawischen und mittelalterlichen Scherben.

Wir verlassen den Hof durch die Fuhrwerksausfahrt Richtung **»Kleine Fleischergasse«**. Ein angenehmer Platz, den es erst seit Hausabrissen und Straßendurchbrüchen 1906 gibt. Hier steht das Gasthaus **»Zum arabischen Coffe Baum«**. In seiner bald dreihundertjährigen Geschichte hat es zahllose Gäste von europäischem Rang gesehen. Das alte Gemäuer scheint noch zu klingen von ihrem Zechen und Lachen, Schimpfen und Diskutieren: Blum, Gellert, Goethe, Gottsched – *»der alte Junggeselle, der immer an dem Ofen« saß* –, E.T.A. Hoffmann, Jean Paul, Kotzebue, Lessing, Liszt, Nietzsche, Wagner … Und natürlich Robert Schumann. Der saß ab 1833 regelmäßig hier mit jungen Musikern, Schriftstellern, Journalisten, man wetterte gegen die »Philister«, schmiedete Pläne gegen die verkommende Musikkultur. »Davidsbündler« nannte man sich, angelehnt an Literarisches bei **E.T.A. Hoffmann** und **Jean Paul**. Aber es war nicht viel mehr als ein Stammtisch.

E.T.A. Hoffmann

»… Eine Menge junger wohlgebildeter Leute, meistens Musikstudirender, hat einen Kreis um mich gezogen … Am meisten erfaßt uns der Gedanke an eine neue, große musikalische Zeitung.«

Robert Schumann

Es wurde schließlich Schumanns *»Neue Zeitschrift für Musik«*. Am Tisch saß auch der *»kleine Göthe«*, Goethes Enkel, wie ihn **Clara Josephine Wieck** nannte, **Walther von Goethe**, der so gern ein großer Komponist werden wollte, aber, wie sein Bruder Wolfgang, als Künstler kaum beachtet in Leipzig starb. Walther hatte eine Neigung, die auch Schumann nicht fremd war. Im September 1837 wanderten sie, Schumann stark angetrunken, nach Connewitz. Es kam wieder zu dem »Einen«. Clara wußte davon, wie die Tagebücher bezeugen: *»Also, Robert, ich beschwöre Dich, das Eine, thue es nicht mehr …«*. Er tat's, obwohl die absolute Intoleranz jener Epoche gesellschaftlichen Ausschluß bedeuten konnte. So wird auch **Friedrich Wiecks** plötzliche rigorose Abkehr verständlicher. (Vgl. Dagmar von Gersdorff, Goethes Enkel. Insel Verlag 2008, S. 135 ff.)

Bis heute gibt es Stammtische im »Kaffeebaum«, etwa den »Gogelmohsch« genannten Leipziger Künstler. 1978 war in der 1. Etage das »Leipziger Künstler-Café« eröffnet worden. Und wie es der Zufall will, gab es in der dritten Etage eine als Wohnung getarnte Filiale der Staatssicherheit. Das Künstler-Café war verwanzt … Künstler sind von jeher staatsgefährdende Subjekte.
Am Nachbarhaus, ein Neubau, ist das steinerne Hauszeichen des Gasthofs »Zum Goldenen Schiff« angebracht. Es gehörte ursprünglich in die Große

Fleischergasse № 12, heute tobt dort eine Disco. Dort, beim Wirt und Bruder Martius, war im 18. Jahrhundert ein früher Tagungsort Leipziger Freimaurerlogen: Zu den drei Zirkeln, Minerva, Minerva zum Circul, Minerva zu den drei Palmen, Balduin, Apollo ... 0,2 Prozent der Bevölkerung, haben in der Mitte des Aufklärungsjahrhunderts Leipzig zur Kulturstadt gemacht.

Das Eckgrundstück mit ehemals drei Häusern – kriegszerbombt – war die Adresse des »Stadt Frankfurt« (№ 223). Hier stieg am 3. Oktober 1765 der angehende Student **Goethe** zunächst ab, bevor er in die »Große Feuerkugel« am Neumarkt zog. Auch **Robert Blum** wohnte hier, 1839.
Ziemlich genau gegenüber – heute Freifläche mit Parkplätzen vor häßlichem Neubau – lag das Haus № 288, das **»Goldene Herz«**. Der Kapellmeister der Secondaschen Operntruppe hatte hier 1813/14 mit Ehefrau Mischa sein Quartier, nicht weit vom Comödienhaus auf der Rannischen Bastei: **Ernst Theodor Amadeus Hoffmann**. Im »Goldenen Herz« schrieb er den ersten Teil der »Elixiere des Teufels«, seinen »Goldenen Topf« und den Roman »Ignaz Denner«. Und zeichnete gut verkäufliche Karikaturen auf Napoleon, als das Theater den Betrieb einstellte.

»... Ganz kleines Logis en miniature bezogen ... Meinen brennenden Cigarro im Munde wandle ich gemüthlich hin, wo mich meine Pflicht hinruft oder auch das Vergnügen, nachdem ich Morgens mein gutes Gläschen Aechten Jamaica Rum genossen ...«

E.T.A. Hoffmann, Dezember 1813

(6d)

Von der alten Bebauung des **Matthäikirchhofs**, ältester Teil der Stadt, ist nichts mehr geblieben. Und hier müssen wir den Sachsen wieder einmal, ganz nebenbei, sagen, daß sie keine »Sachsen« sind: 1423 war der **Titel** »Herzog von Sachsen« von den Wittenberger Askaniern als Titel-Erben des (nieder-) sächsischen Heinrich III. (der Löwe) auf die meißnischen Wettiner übergegangen. Noch im selben Jahrhundert hatte sich der Name auf die Bevölkerung übertragen. Aber mit jenem germanischen Volksstamm der Sachsen haben wir wirklich nichts zu tun. Dafür aber mit böhmischen Kelten, germanischen Hermunduren, Slawen. Und den fränkischen Besatzern des Mittelalters.

Das erhöhte Gelände über der Flußaue trug um das Jahr 800 eine slawische Wallanlage mit Siedlung. Die fränkischen Eroberer vereinnahmten 965 das gesamte Gebiet als »Gau Chutici« und bauten ihre Burg, 1221 Markgraf Dietrich die seine darauf. Natürlich auch gegen die aufsässigen angestammten Bewohner. Schließlich ging das Areal 1235 an den Franziskanerorden für den Bau eines Klosters mit Kirche, das »Barfüßerkloster«. Nach der Reformation in Sachsen wurde das Kloster in Grundstücke aufgeteilt und diese an Bürger verkauft. Die Kirche hieß seit 1699 »Neukirche« (Neukirchhof).

Johann Gottlieb Fichte

Georg Philipp Telemann war hier ein knappes Jahr als Organist und Musikdirektor angestellt, wohnte wahrscheinlich in *»des Raths Organistenhaus«* (Grundstück des Schulmuseums).
Einen berühmten Bewohner des Kirchhofs dürfen wir nicht vergessen: Den Philosophen **Johann Gottlieb Fichte**, der in Leipzig studiert hatte und insgesamt ein Jahrzehnt hier lebte. An seine Geliebte schreibt er nach Zürich:

»... Ich habe mein Logis verändert und so glücklich verändert, daß ich eine der schönsten Aussichten und vielleicht die gesündeste Luft in Leipzig habe. Aus meinem Fenster sehe ich oft in der Morgensonne zunächst vor mir die Promenade, über ihr einen der schönsten Gärten, weiter hin eine lange Vorstadt und über ihr hinaus eine unabsehbare Ebene, mit Dörfern und Wäldchen besät, deren Laub durch den Herbst mit dem sanftesten Gemisch von rot und röter und braun tingiert ist ... Meine Adresse ist auf dem Neuen Kirchhofe, in Leutschens Hause, 4 Treppen ...«

Johann Gottlieb Fichte,
Leipzig, 2. November 1790

Eine äußerst kulturträchtige Ecke Leipzigs. Bis auf die Jahrzehnte nach 1945: Auf dem Neukirchhof / Matthäikirchhof (seit 1894) residierte die Bezirksverwaltung der Staatssicherheit. Mit dem Demokraten Fichte sozusagen als Mitbewohner. Sie wußten's ganz einfach nicht. Sonst hätten sie sich gar geschämt. Vielleicht ...

Thomaskirchhof

Müllers Lust und „Geisterseher“

»Das muß ein schlechter Müller sein, dem niemals fiel das Wandern ein …«. Um das Grundstück **»Zills Tunnel«**, das Eckhaus an der Klostergasse, flirren noch immer die Volksliedmelodien. Der Musiklehrer, Komponist und Erfinder der Männerchorbewegung **Carl Friedrich Zöllner**, der zuletzt am Neukirchhof wohnte, hat das Lied zwei Jahrzehnte nach Franz Schubert noch einmal vertont, so, wie wir es heute noch singen. Der Textdichter hieß **Wilhelm Müller**, Bibliothekar, Germanist und Dichter in Dessau, mit zahlreichen Freunden und Verlegern in Leipzig. **Felix Mendelssohn-Bartholdy**:
»Zöllner, diese Lieder haben Sie wahrhaftig dem Gesangsgott selbst abgestohlen«.
Der Vollblutmusiker Zöllner komponiert Motetten, die auch in der Thomaskirche aufgeführt werden – »Wer faßt, wie groß du Schöpfer bist«, »Hoch empor am Himmelsbogen«, »Sucht dein Herz den wahren Frieden«.
»Alles läßt sich vertonen«, hat Zöllner an einem fröhlichen Abend gesagt – und tags darauf den Speisezettel von »Zill's Tunnel« vorgestellt, vertont natürlich, und inzwischen öfter von bekannten Sangesgruppen aufgeführt und aufgenommen: *Der Speisezettel. Ein musikalischer Scherz für vierstimmigen Männerchor a cappella.* Zum 100. Schillergeburtstag 1859 schaffte Zöllner es gar, zwanzig Leipziger Gesangsvereine mit ca. 400 Sängern zusammenzubringen.

Die Äußerungen des grantigen Wieners **Karl Kraus** zu diesem Thema muß man sich ja nicht zu Herzen nehmen:

»... *Ehe wir von dem Künstler [Schiller] reden wollen, muß unbedingt auch nur die entfernteste Möglichkeit beseitigt sein, daß um eine Schillerbüste ein Männergesangsverein Aufstellung nimmt. Bliebe doch sein zweihundertster Geburtstag vor solchen Zwischenfällen bewahrt! [...] Bis zu diesem Termin werden die Leute, die sich heute noch als Kostgänger des Schillerschen Ruhmes lästig machen, reichlich Gelegenheit haben, selber die Unsterblichkeit zu erwerben [...].*

Karl Kraus, 1909

Am Stammtisch der Musiker und Sänger, Literaten und Handwerksgesellen war bei seinen Leipzig-Besuchen gelegentlich wohl auch **Hoffmann von Fallersleben** zu finden.

Der Vorgängerbau von »Zills Tunnel« stammte aus dem 17. Jh., ab 1785 wurde Bier ausgeschenkt, bis 1841 war es dann »Burkhardts Tunnel«. Das heutige Gebäude ist aus dem Jahre 1888, gebaut von einer Leipziger Brauerei.

Seit 1770 hatte der Hochstapler und »Geisterseher« **Johann Georg Schrepfer** aus Nürnberg hier einen Kaffeeausschank mit Billardzimmer, und seitdem wird immer wieder über ihn geschrieben. Das Haus gehörte seiner Frau. Eigentlich war er nur Kellner, dann Weinküfer, und hat dabei in den Gasthäusern wohl allerlei von den dort tagenden »Winkellogen« erlauscht. 1761, mitten im Siebenjährigen Krieg, als Leipzig von den Preußen besetzt war, hatte Schrepfer die Tochter eines Schneidermeisters aus dem

Böttchergäßchen geheiratet – unmittelbar neben dem heutigen Neubau des Stadtgeschichtlichen Museums – und erhielt das Bürgerrecht. Er wollte mehr sein, als er jemals zu sein imstande war, und vor allem anerkannt von den Großbürgern. Zwei Jahre später gründete er die Winkelloge, d.h. eine von der Bruderschaft nicht anerkannte Freimaurerloge, namens »Loge der ächten Maurerey«. Mit ihr wollte er die wahren, die letzten Geheimnisse lehren, die er so wenig kannte wie alle andern. Und vor allem die einzige Loge der Stadt, die »Minerva zu den drei Palmen«, mit ihren ein wenig kindischen Ritterordensspielen der »Strikten Observanz« zwingen, ihn zu ihren Ritualen zuzulassen.

Schrepfer arbeitete mit geheimnisvoll klingenden Worten und Symbolen des gerade verbotenen Jesuiten-Ordens, mit Ritualen der Freimaurer und der soeben den Norden Deutschlands vom Süden her unterwandernden Gold- und Rosenkreuzer, die gern die Aufklärung zurückgerollt hätten. Ferner mit allerlei Brimborium, mit Hohlspiegel, narkotisierendem Rauch und Laterna Magica, mit angereichertem Punsch und einem sehr geschickten Helfer, und konnte allgemein bekannte verblichene Personen als Geister erscheinen lassen. Nicht nur die Leipziger Großbürgerszene war beeindruckt von seinem Können und Wissen, es sprach sich in ganz Sachsen herum. Selbst der Dresdner Hofadel lud den Taschenspieler in die Residenz, um Vorfahren herbeizuzitieren und »Übersinnliches« zu erleben: Der Herzog von Kurland, der Graf von Brühl, der Herr von Wurmb.

Als der Schwindel aufflog, war der Adel düpiert und dem Spott ausgeliefert; und der Dienstleister Schrepfer hat angeblich im Rosental Selbstmord begangen.

Im Beisein von zwei Offizieren, einem Advokaten, sowie dem windigen Herrn von Bischoffwerder, der Schrepfers Apparate-Nachlaß und okkulte Schriften aufkaufte und später den schlichten preußischen König Friedrich Wilhelm II. mittels Seancen und Geisterbeschwörungen politisch beeinflußte ... Ein schöner Skandal und inzwischen aufgeklärter Kriminalfall, der manchem Kaufmann und Adligem tausende Taler kostete, und vielen den Ruf.

Der Name »Klostergasse« geht auf das Gelände der Franziskaner (»Barfüßer«-Mönche) und Augustiner Chorherren (Thomaskloster) zurück, die hier, rechts der Straße hin zur Stadtmauer, bis zur Reformation ihre Wirtschaftsgebäude hatten. Der Landesherr verfügte in jener Zeit über die Wehranlagen und die Stadtmauer, konnte die Areale auch wieder verschenken, und hatte hier die Mönchsorden – in Leipzig Franziskaner, Dominikaner, Zisterzienserinnen und Augustiner-Chorherren – angesiedelt. Die mußten allerdings die Wehranlagen instand halten.
Zwanzig Schritte in die Klostergasse hinein, links, stand bis vor kurzem eine Art Trafohäuschen. Also

Elisa von der Recke

Elektrisches. Das wäre die schön hergeholte Verbindung zum seine Zeit elektrisierenden Philosophen und Aufklärer **Christian Thomasius**. Das Grundstückchen gehörte zu einem Bürgerhaus, in dem er geboren wurde, und das auch die Klostergassenfront neben »Zill's Tunnel einnahm.

Gegenüber ein Neubau mit einem nachgebildeten alten Portal: Das ehemalige **»Hotel de Saxe«**, zuvor das Martiusische Gasthaus. In den großen Sälen und gut ausgestatteten Salons sind vor Zeiten Leute mit großen Namen ein- und ausgegangen. **Goethe** natürlich, Napoleon, Blücher, Chopin … Auch **Seume**. Seit 1807 war der ziemlich Unbemittelte Mitglied der großbürgerlichen, »wohltätigen« Gesellschaft »Harmonie«, die hier lange als Dauermieter tagte. Ein Mäzen hat ihm wohl Aufnahme- und Mitgliedsbeiträge bezahlt. Um 1860 wurde das Haus Versammlungsort des Arbeiterbildungsvereins, vor dem auch der Naturforscher **Emil Adolf Roßmäßler**, »Erfinder« der Aquarienkunde, und **Alfred Brehm** sprachen. Der hat immerhin vier Jahre in Leipzig gelebt und hier eine Menge Populärwissenschaftliches geschrieben.

Auf dem Areal der heutigen »Markt-Galerie« wohnte ab 1784 **Elisa von der Recke**, geb. kurländische Gräfin von Medem. **Johann Adam Hiller**, der spätere Thomaskantor, hatte ihr die Wohnung vermittelt:

»… Das Quartier bey Leistnern ist bereit. Sie haben da drey schöne Zimmer auf die Straße, und ein kleineres nach dem Hofe zu, für den Bedienten, oder zur Garderobe. Die übrige Einrichtung will ich Ihnen, meine Beste, machen helfen, wenn Sie hier sind …«

Elisa schriftstellerte auch. Und sie hatte etwas zu erzählen. Neben ihrer Autobiographie hatte ihr Enthüllungsbuch »*Nachricht von des berüchtigten Cagliostro Aufenhalt in Mitau 1787 und dessen magischen Operationen*« (1887) die größte Wirkung: Sie deckte die Künste des hochbegabten italienischen Alchimisten und Hochstaplers **Allesando Cagliostro** (eigentlich Giuseppe Balsamo, 1774 in Leipzig), in dessen Loge D'Adoption sie einmal Mitglied war, vor aller Welt auf. Und sie war u.a. Seumes Mäzenin.

»Gnädige Frau, Ich schreibe Ihnen gegen die Ordonnanz des Arztes; aber ich kann mir nicht helfen, ich schreibe. Sie zeigen viel Theilnahme an meinem Schicksal, daß ich zehenmal Hurone und Tonguse seyn müßte, wenn es nicht meinen lebhaften Dank erweckte … Ich muß mit triftigen Gründen Sie bitten, mir nichts mehr aus der Küche zu schicken … Einem Kranken, der nicht unter strengem Hausregimente steht, wie ich nicht bin, sollte man gar nichts senden … Sobald ich nur einigermaßen etwas wieder flott bin, wird es meine erste Richtung seyn, Ihnen persönlich für Ihre Güte zu danken …«

Johann Gottfried Seume, 1809

→ (7c)

Die Häuserfront gegenüber hat noch großenteils ihr barocken Fassaden bewahrt. Im Haus kurz vor dem Eckgebäude am Thomaskirchhof, **»Altes Kloster«** genannt, lebte ab 1815 der Musikschriftsteller **Friedrich Rochlitz**. Der war mehr als zwei Jahrzehnte Redakteur der »Allgemeinen musikalischen Zeitung«, schließlich der für das Gewandhaus-Programm verantwortliche Berater **Felix Mendelssohn Bartholdys**. Seine substantiellen Aufsätze zu

Johann Sebastian Bach sind merkwürdigerweise längst vergessen. Aber sie belegen, daß Bach nicht erst von Mendelssohn wiederentdeckt wurde, nie vergessen war. Mendelssohn hat vor allem die großen Passionen in Leipzig wieder aufgeführt.
Rochlitz führte schon viele Jahre vorher in seinen Wohnungen, so im Wincklerschen Haus an der Katharinenstraße, auch einen regelmäßigen Musikalischen Salon, in dem sich neben anderen Hiller, Schnorr von Carolsfeld, Elisa von der Recke und andere Musikfreunde trafen. Auch hier in der Klostergasse.
In der Klostergasse 2 gegenüber begegnen wir im Herbst 1865 dem aus dem Burschenschaftler-Bonn vor dem Theologiestudium geflohenen **Friedrich Nietzsche** wieder. Im »Dunstkreis schwarzroth-goldner Jünglinge«. In der Kneipe **Georg Kintschys**, der in jenen Jahren sein »Schweitzerhäuschen« im Rosental schon längst verpachtet hatte. Schrepfer, Rochlitz, Brehm und Nietzsche – die Jahrhunderte versammeln die Namen auf engem Raum.

Friedrich Rochlitz

Heinrich von Morungen

Minnesangs Musenecke

Auch der nördliche **Thomaskirchhof** war einst das, was der Name besagt: ein Friedhof. Für den Bau der Tiefgarage am Markt mußte die Zufahrt unbedingt hier angelegt werden. Durch Grabstätten und vor 800 Jahren bebautes Gelände, abgenickt von den Ämtern. Es kamen Fundamente der Klosterbauten und des Kreuzgangs zutage – und zahlreiche Gräber hochgewachsener Personen. Augustiner-Chorherren, Laienmönche, ehemals offenbar gut genährte, also reiche Rentner. Der mittelalterliche und frühneuzeitliche Bauschutt kam auf LKW und in die »Ausfülle«, wie der Sachse sagt.
Vielleicht ist unter den in Kartons verpackten und in Dresden eingelagerten Skeletten auch der Minnesänger **Heinrich von Morungen** (Gedenktafel westl. der Thomaskirche), ein bedeutender und weitgereister Lyriker neben Walther von der Vogelweide, von dem 33 Lieder überliefert sind. Die frühhöfische Dichtung des Ministerialbeamten Markgraf Dietrichs von Meißen entstand im Umfeld des Höhepunkts mittelalterlichen Minnesangs:

»In sô hôe swebender wunne
sô gestuont min herze an fröiden nie.
ich var alse ich fliegen kunne
mit gedanken iemer umbe sie,
sit daz mich ir trôst enpfie,
der mir durch die sêle mîn
mitten in daz herze gie …«

Versuchen Sie es laut zu lesen: es wird verständlich, auch über die Jahrhunderte.
Das Sächsische, das ursprüngliche – nicht das platte, sozial eingefärbte, überzogene der Kabaretts – hat noch viele Eigentümlichkeiten bewahrt, hergeleitet aus dem Mittelhochdeutschen: Sächsisch »mein Bein / mei Been« z. B. = »mîn bein«; e und i wurden einzeln gesprochen.
Als gesprochene Sprache war das Mundart-Sächsische übrigens kaum Vorbild für die »Hochsprache«, sondern das »Meißnische« vor allem als Kanzleisprache, als Beamtendeutsch im Schriftverkehr. Das Mißverständnis haben übereifrige Lokalpatrioten verbreitet. Es wäre so wenig denkbar gewesen wie etwa Schwäbisch, Hessisch, Bayrisch …

Das große Eckhaus am Thomaskirchhof mit dem güldenen Fassadenschmuck war einstmals »Konfektionshaus« (seit 1904). Davor stand hier auf den Grundmauern von Klostergebäuden das »Kurfürstliche Amtshaus«, in dem u.a. **Christian Felix Weiße** als Kreissteuereinnehmer seinen Arbeitsplatz hatte.
Im gleichen Gebäude war ab 1702 die reformierte Gemeinde aus Frankreich vertriebener Hugenotten – vor allem Kaufleute aus der Gegend von Lyon – untergebracht, 1712 das Postamt. Und 1764 für ein Jahr die Königliche »Mahlerey- und Zeichnungsakademie« mit ihrem ersten Direktor **Adam Friedrich Oeser**.
Die zwei Grundstücke zum Dittrichring gehören noch heute der Evangelischen Kirche: Hier stand die Superintendentur. Und hier ist der Schiller-Freund und -Förderer und Dresdner Oberkonsistorialrat **Christian Gottfried Körner** geboren worden. Heute

Christian Gottfried Körner

kaum noch bekannt, im besten Falle als Vater des Dichters, 1813-Kämpfers und Schiller-Nachahmers (der war sein Pate) Theodor Körner, war er ein genauer, kenntnisreicher und hochinteressanter Musikschriftsteller. Mit dem Makel, daß er zu lange nachdachte und zu langsam schrieb.

»Körner gehört zu den hartleibigen Schriftstellern. Der hartleibige Mensch würgt schon seit neun Monden an einem Aufsatz über den Tanz. Er drückt vierteljahrelang, ehe ein ganz kleines Produkt zum Vorschein kömmt …«,

meinte der Romantiker **August Wilhelm Schlegel**. Christian Gottfried Körner hat das 1785 in einem Brief an Schiller erklärt:

»Indessen entstand frühzeitig bei mir ein Ekel vor aller Mittelmäßigkeit in Werken der Kunst. Daher der Mangel an Trieb, selbst zu arbeiten …«

Recht hatte er mit seinem Ekel, der sympathische Körner. Wenn alles möglich sein soll, ist alles Maß verloren. Von Körner stammt übrigens die erste Vertonung von Schillers Lied »An die Freude« – keine »Ode«, sondern ein Trink- und Gesellschaftslied im Stil der Zeit, von dem sich der Dichter später, wie gesagt, distanzierte.

Ziemlich genau gegenüber, versteckt an der Mauer der Thomaskirche, eine große sandsteinerne Relieftafel. Der Rest eines Denkmals für den Komponisten und Thomaskantor **Johann Adam Hiller**, der eigentlich Hüller hieß, diese Nuance der Schreib- und Ausspracheweise aber im tiefen Sachsen bald aufgab. »Mitteldeutsche Entrundung« nennt das der Sprachgeschichtler.

Das Denkmal, entworfen von Veit Hanns Schnorr von Carolsfeld, stand in den Anlagen westlich der Kirche. Die Stadtverordneten ließen es 1904 abbauen und einlagern; es war natürlich bald nicht mehr auffindbar. Wie auch das Grab Hillers auf dem Alten Johannisfriedhof. Das wurde 1850 wie jene der Thomaskantoren Schicht und Doles und der anderen eingeebnet.

Johann Adam Hiller

Auf dem Gelände des Thomaskirchhofs lag wahrscheinlich einmal ein Königshof (Pfalz). Ab 1213 wurde hier die Stiftskirche der Augustiner-Chorherren erbaut. Die heutige spätgotische Hallenkirche entstand ab 1482. Und hier predigte Pfingsten 1539 **Martin Luther** – die Reformation war in Sachsen eingeführt worden. Und seit 1950 liegen die (wahrscheinlichen) Überreste **Johann Sebastian Bach**s in der Thomaskirche. Man hat ihn identifiziert nach anatomischen Merkmalen, und nach einem Gemälde **Elias Gottlob Haußmanns**. Der Bildhauer **Carl Seffner** verfertigte aufgrund der anatomischer Untersuchungen eine Büste, nachdem ein Mitarbeiter der Thomaskirche Bachs Reste auf einem Kohlenkarren aus der Johanniskirche geholt und im Keller zwischengelagert hatte, bevor sie an ihren heutigen Platz kamen.

Am südlichen **Thomaskirchhof** häufen sich wieder die großen Namen, denn hier stand bis 1902 über Jahrhunderte die alte Thomasschule: **Paul Fleming**, **Richard Wagner** (ein wenig), **Thomas Theodor Heine**, **Carl Gustav Carus**, **Daniel Gottlob Moritz Schreber**, **Friedrich Rochlitz**, **Julius Schnorr von Carolsfeld** waren Schüler … Hunderte wären zu nennen. Und **Johann Gottfried Seume**, der »Spaziergänger« nach Syrakus, lebte zumindest von 1805 bis 1808 neben der Schule (wahrscheinlich im alten Klostergebäude), als er hier alte Sprachen unterrichtete:

»… Da bin ich nun wieder zu Hause in meiner Klause zu Sankt Thomas […]. Als ich in der Abenddämmerung die Thürme von Leipzig wieder sahe, das ich nun für mein Tabernakel zu halten gewohnt bin, ward es mir doch unter der linken Seite etwas angenehm unruhig, so sehr ich auch meinen Stoicismus vorschob …«.

»Mein Sommer 1805«

Alle Thomaskantoren von Georg **Rhau** über Johann Hermann **Schein** und Johann Friedrich **Doles** bis Christian Theodor **Weinlig** wohnten in der Schule.

An der Südseite das »Bosehaus« mit Bach-Museum, umgebaut, neu konzipiert und unbedingt sehenswert! **Bach** war mit der Kaufmannsfamilie befreundet. Doch noch zu Lebzeiten Bachs, 1745, übernahm der Kaufmann Johann Zacharias Richter das Wohngebäude und machte hier seine Kunstsammlung für die Öffentlichkeit zugänglich. Unter den zahllosen Namen im »Fremdenbuch der Gemäldesammlung« (heute in der Universitätsbibliothek) finden sich auch die von **Moses Mendelssohn, Goethe**, **Jean Paul**, **Oeser**.

Auf dem Nachbargrundstück (№ 156) in Richtung Ring befand sich die »Schneiderherberge«. Seit 1822 wohnte hier der Sangesfreund **Carl Friedrich Zöllner** – und versammelte jeden Sonnabend ab 8 Uhr abends in seiner Wohnung die Männerchor-Freunde. Eine besonders »musikalische« Gegend der Musikstadt Leipzig. Ein paar Schritte weiter, und wir sind in den Grünanlagen am Ring, die sich um die Innenstadt ziehen. Sie markieren ehemalige Stadtmauer und Stadtgraben. Hier lag die »Promenade« des 18. Jahrhunderts. Denkmäler sind hier versam-

melt, das neueste, wiedererstandene für **Mendelssohn**. Ein Ruhepunkt inmitten von Hektik.
Der Thomaskirche gegenüber, am Dittrichring, befand sich am Pleißemühlgraben, heute die dreieckige Freifläche, das berühmte **»Café Merkur«**. Hier saßen, rauchten, tranken, diskutierten in der ersten Hälfte des 20. Jahrhunderts die Maler, Schauspieler, Dichter, Verleger. **Ernst Rowohlt, Kurt Wolff, Erich Kästner, Max Klinger, Max Schwimmer** usw. Dahinter und daneben erstreckte sich **»Reichels Garten«** – in dem u.a. **Göschen, Seume, Mendelssohn,** Carl Heine zeitweilig wohnten. – So, jetzt geht's weiter. In die Burgstraße …

(8c)
(8d)

Carl Gustav Carus

Großer Hirschkopf

Hermes, „Hirschkopf“, Hahnemann

Unser Wandeln durch die Burgstraße beginnt mit einem Fall nicht nur literarischer Hochstapelei. In einem der beiden Vorgängerbauten des großen Eckgrundstücks mit dem **Apothekenmuseum** – im frühen 19. Jahrhundert noch zur Burgstraße gehörig (№ 151) – hatte sich im März 1865 ein Herr Hermes eingemietet. *»Kupferstecher, Thomaskirchhof 12, 3 Treppen«* stand auf seiner Visitenkarte. Er ließ sich einen teuren Pelz kommen. Und verschwand damit. Am 26. März wurde der frisch bepelzte Herr, er wohnte in Gohlis in der Möckernschen Straße 28b, im Rosental von der Polizei verhaftet. Mit richtigem Namen hieß er **Karl May**. Andere Anzeigen, etwa wegen Diebstahls teurer Stoffe, kamen hinzu. Und der Götterbote Hermes-May hatte nun vier Jahre Zeit, sich der Dichtung zu widmen. In den Haftanstalten Zwickau und Osterstein.

Aber die Straße hat auch Dichter von Format beherbergt. Zum Beispiel den Quedlinburger **Friedrich Gottlieb Klopstock**, den »Erfinder« der freien Rhythmen, und der an deutsche Sprachbesonderheiten angepaßten antiken Versmaße.

»Euch, Stunden, grüß ich, welche der Abendstern
Still in der Dämmrung mir zur Erfindung bringt;
O geht nicht, ohne mich zu segnen,
Nicht ohne große Gedanken weiter! …«

Klopstock, Stunden der Weihe, 1748

Friedrich Gottlieb Klopstock

Klopstocks Dichtungen haben Generationen beflügelt und begeistert, aber auch viel Elend in die deutsche Literatur gebracht – durch sprach-lose Nachahmer mit ihren mißverstandenen »freien Rhythmen«, die zumeist als zerhackte schlechte Prosa in die Welt treten.

Klopstock wurde am 13. Juni 1746 in Leipzig fürs Theologiestudium immatrikuliert. Seine Adresse war Burgstraße 9 (№ 92), das »Radike'sche Haus«. Im 17. Jahrhundert gehörte das Grundstück den mütterlichen Vorfahren Bismarcks, seit 1885 → (9b) **»Großer Hirschkopf«** genannt. Der Jung-Dichter (*»Oden an die Leipziger Gefährten«*) wohnte hier in einer Art WG, einem Taubenschlag, mit und in einem Kreis späterer Berühmtheiten der deutschen Aufklärung wie **Johann Andreas Cramer, Gottlieb Wilhelm Rabener, Abraham Gotthelf Kästner, Johann Elias und Adolf Schlegel, Christian Felix Weiße** u.a. Man kämpfte zunächst an der Seite des

Professors und Theaterreformers Johann Christoph Gottsched, und bald gegen ihn: Als Mitautoren der »Bremer Beiträge«, d.h. der *»Neuen Beiträge zum Vergnügen des Verstandes und Witzes«*, verlegt in Bremen, redigiert und gedruckt in Leipzig. Leipzig war neben Hamburg und Zürich ein Zentrum der deutschen Aufklärung.

Die WG, diese Brutstätte »junger Wilder«, lag an der Rückseite des ehemaligen »Messehaus Petershof«, etwa dort, wo heute die Einfahrt in den Neubaukomplex ist. Klopstock begann hier mit seiner gefeierten »Messias«-Dichtung. Seine Werke, seine Leistungen sind derart in die Literatur, literarischen Strömungen und Dichtungspraxis eingegangen, daß man ihn inzwischen kaum noch kennt. In späteren Jahren wurde er schwierig, wie nicht nur sein Lektor **Seume**, sondern auch der Verleger **Georg Joachim Göschen** zu spüren bekamen …

Gottlieb Wilhelm Rabener

»Die Oden von 1782 sind schwer an Gestalt, aber auch schwer zu verstehen. Das muß ein dunkles Jahr gewesen sein und dem armen Klopstock viele Krämpfe gemacht haben. Die Ode ›Delphi‹ soll freilich ein dunkles Orakel sein; aber was zu arg ist, ist doch zu arg. Die Singulare und Plurale liegen da so verwirrt durcheinander, es fehlen so viele Artikelverbindungen, daß man nicht weiß, woran man sich zu halten hat … Ich habe auch die Anekdote gehört: daß Bürger Klopstock gefragt hat, wie eine gewisse Stelle zu verstehen sei? Daß Klopstock darauf geantwortet hat: ja, ich weiß wohl, daß ich damals, als ich die Stelle dichtete, etwas dabei gedacht habe; aber ich weiß es jetzt selbst nicht mehr«

Göschen an Karl August Böttiger, 1797

→ (9c)

Exakt zur gleichen Zeit studierte auch der Pastorensohn **Gotthold Ephraim Lessing** aus Kamenz in Leipzig Theologie und wohnte in der **»Alten Baderei«**, schräg gegenüber von Klopstock (Burg-

Gotthold Ephraim Lessing

straße 10, Neubaublock). Sie werden sich begegnet sein; von einer näheren Bekanntschaft in jener Zeit ist nichts überliefert. Warum auch. Die »Großen« wurden sie später.
Auch Lessing kam vor lauter Leben kaum zum Studium. Theater, wandernde Theatertruppen, Schulden, angedrohte Schuldhaft, weil er für Schauspieler bürgte. Ein ›liederliches‹ Studentenleben, wie sein Oberpfarrer-Vater meinte, der ihn zunächst zurück nach Kamenz beorderte. Im November 1748 mußte Lessing vor den Gäubigern dennoch aus Leipzig verschwinden, über Wittenberg nach Berlin. 1755 war er wieder hier (vgl. **»Große Feuerkugel«**).

Doch damit ist die Burgstraßen-Galerie bekannter Personen noch nicht zu Ende. Gegenüber der 1838 auf drei alten Grundstücken gegründete **»Thüringer Hof«**. Das waren z.T. Freihöfe, d.h. ehemals vom Landesherrn als Lehen vergeben und der städtischen Gerichtsbarkeit nicht unterworfen. Im »Pflugkschen Freihaus«, dem Eckgebäude Sporergäßchen, das erst viel später zum 1838 gegründeten »Thüringer Hof« kam, existierte zweitweilig eine Studentenburse, und von 1811 bis 1821 lebte und arbeitete der Homöopathie-Vater **Christian Friedrich Samuel Hahnemann** mit Familie hier. Mit ein wenig Großzügigkeit kann man Hahnemann auch als Schriftsteller durchgehen lassen. Er schrieb u.a. das *»Apotheker-Lexikon«*, die *»Heilkunde der Erfahrung«*, und in seiner Leipziger Zeit das *»Organon der rationellen Heilkunde«*.

»Wenn die Natur sich nicht selbst helfen könnte, wäre die Menschheit übel daran. Der Schäfer, der Vieharzt, die alten Weiber laufen uns Ärzten den Rang ab, sie sind glücklicher und geschickter, als oft der schulgerechteste Professor und Mitglied aller Akademien. Fast all unsere Kenntnisse von den Heilkräften der Natur verdanken wir dem unverschnörkelten Wissen des gemeinen Mannes«

Samuel Hahnemann

Die Medizin-Professoren, vor allem aber die Apotheker, haßten und verfolgten ihn, weil er die Behandlung seiner Patienten so anders anging. Und kein landesherrliches Privileg hatte, das ihm Ein- und Auskommen garantierte. Diese mittelalterliche Sonderstellung gilt übrigens bis heute. Die Apotheker haben ihn immer wieder vertrieben, weil sie ihre obrigkeitlichen Privilegien in Gefahr sahen.
Und ein »Tondichter« lebte – ein Jahrzehnt später – im gleichen Haus: **Robert Schumann**.

Gar kein Dichter, abgesehen von seiner Autobiographie »Meine Lebensgeschichte« und einer gedruckten Zeichenanleitung, war der Maler **Veit Hanns Schnorr von Carolsfeld**, der von 1791 bis 1803 daneben im Sporergäßchen 1 (№ 140) unterm Dach wohnte. Hier wurde sein berühmterer Sohn und Leipziger Ehrenbürger **Julius Schnorr von Carolsfeld** geboren, und hier war regelmäßig ein sehr guter Freund zu Gast: **Johann Gottfried Seume**.

»Und siehe! Nach vier Wochen erschien Göthe in meiner Dachwohnung in eigner Person … ich seh ihn heute noch vor mir stehn: Er trug ein dunkelblaues frackartiges Kleid ohne Klappen; eine geblümte lange Weste; einen großen dreieckigen Hut; zwei tüchtig pomadisierte Querlocken über den Ohren – das Haar war gepudert – und einen sehr langen steifen Zopf; kurzes schwarzes Zeug, Beinkleid und große Stiefel mit braunen Stulpen. Zu allem diesen denke man sich seine große Gestalt und sein imposantes Auge! – Weit eher hätte man den Dichter in seiner Erscheinung a prima vista für einen Herzogl. Stallmeister genommen …«

Schnorr, Meine Lebensgeschichte, 1835

Goethe ist überall. Das muß man erst mal verkraften. Am besten – ein Vorschlag – im »Thüringer Hof« mit seiner guten Karte und Küche, der angenehmen Atmosphäre und der langen Geschichte des Hauses. Und wir gedenken Hahnemanns und Schumanns und der zahllosen Theologie- und Jurastudenten aus der Bursenzeit …

Pleißenburg

„Weltgeschichte“ um die Pleißenburg

War Luther Literat? War er wohl! Denn was er mit seinen zahllosen deutschen Schriften und Übersetzungen aus dem Lateinischen für die deutsche Sprache – Frühneuhochdeutsch – und die Kultur einbrachte, war revolutionär wie seine Reformation. Und im Umgang mit seinen Gegnern war er durchaus nicht zimperlich: Da war Leben in den Auseinandersetzungen um den Zustand der Gesellschaft und ihre gefährlichen Bremser, da flogen die Fetzen und die garstigen Worte. Das fehlt uns heute ein bißchen. Allerdings wäre Luther heute von Advokatenscharen verfolgt und ruiniert …

Hier, in der der Südwestecke der Leipziger Innenstadt, war Luther Hauptakteur eines großen Stücks Weltgeschichte. Nicht in jener Pleißenburg, auf deren Grundmauern das bewußt schloßartige **Neue Rathaus** steht, sondern – nach neuesten Forschungen – wahrscheinlich ein Stück nördlicher gelegen. Am 24. Juni 1519 war Luther mit großem Gefolge, darunter **Philipp Melanchthon** und 200 bewaffnete Studenten, in Leipzig eingezogen, zum Wortgefecht über die Bibel und das Papsttum. Die Disputation gegen den Ingolstädter Theologen Dr. **Johann Mair** aus Eck, den bewußten »Dr. Eck«, ging, weil abgebrochen, ohne Ergebnis aus, aber Standpunkt und Argumentation des Reformators kamen publikumswirksam in die Welt und verbreiteten sich schnell im ganzen »Heiligen Römischen Reich Deutscher Nation«. Luther wohnte in jenen Wochen bei seinem

Drucker **Melchior Lotter** in der Hainstraße, und der sympathisierende Medizinprofessor **Heinrich Stromer** aus Auerbach (Auerbachs Hof) lud ihn demonstrativ zum Mittagsmahle ein.
1539 war Sachsen vom Papsttum befreit. Es begann der Aufbau eines verzweigten Bildungswesens, was u.a. dazu führte, daß Mitteldeutschland einen großen Vorsprung gewann und im 19. Jahrhundert der führende Industriestandort Deutschlands wurde. Frauen allerdings hielten auch die protestantischen Christen bis dahin möglichst von Schulbildung fern.
Eine Ausnahme war die 1792 von Leipziger Freimaurern, Christen, den Toleranten, gegründete Ratsfreischule *»für Kinder beyderley Geschlechts«*, die in der gleichnamigen Straße vor der Burg lag.

→ (10a)

Die Burgstraße führte bis 1897 natürlich auf die Burg zu, die spätere von 1547 allerdings, die **Pleißenburg**. Eine der ehemals drei Burgen der Stadt, die zunächst auch gegen die Bürger gerichtet waren, die schon immer Aufsässigen. Gegen die Anmaßungen selbsternannter Autoritäten, deren Eigennutz und Selbstherrlichkeit.
Bis 1905 wurde hier das **Neue Rathaus** errichtet. Die steinernen Einlassungen im Pflaster des Platzes zeichnen die Dimensionen der Burganlage nach. Darunter gibt es noch alte, weitläufige Kellergewölbe; der letzte Rest der alten Burg ist das untere Drittel des Turmes.
Die alte Festung Pleißenburg und Leipzig haben in den Jahrhunderten eine Reihe von Besatzungen überstanden: Die Schweden im Dreißigjährigen Krieg, die Kaiserlichen – Wallensteins General **Gottfried Heinrich zu Pappenheim** ist hier am

17. November 1632 an seinen Verletzungen in der Schlacht bei Lützen gestorben, die Preußen, Napoleons Truppen.
Während der schwedischen Besatzung ließ der Buchdrucker **Thimotheus Ritzsch** ab 1643 in der Pleißenburg fünfmal die Woche die »Wöchentliche Zeitung« als schwedische Postamtszeitung erscheinen, ab 1650 sechsmal wöchentlich die »Einkommenden Zeitungen«. Es war die erste Tageszeitung der Welt.

Literaten, außer Luther, sind mit der Pleißenburg kaum in Verbindung zu bringen, sieht man vom Studenten **Goethe** ab. Der war öfter bei **Adam Friedrich Oeser** zu Gast. Im Westflügel der Pleißenburg (heute: Stadthaus, Areal mit Standesamt) befand sich seit 1765 die kurfürstliche »Zeichen-, Mahlerey- und Architectur-Academie«, die heutige

Adam Friedrich Oeser

Hochschule für Graphik und Buchkunst im Musikviertel, deren erster Direktor er war. Nach ihm wohnten und arbeiteten hier u.a. **Johann Friedrich August Tischbein** und **Veit Hanns Schnorr von Carolsfeld**.

Mit namhaften Schriftstellern, Verlegern, Philologen und Journalisten – Akteuren vor, während und nach der mißglückten 1848er Revolution – ist die Burgumgebung dennoch verbunden. An der angrenzenden Schloßgasse mündete ein alter Durchgangshof zur Petersstraße, etwa dort, wo seit Jahren die häßliche Baugrube eines Investors gähnt. Dort befand sich das berühmte **Bierlokal Kitzing & Helbig**. Seit Beginn der 1850er Jahre traf sich hier die national-liberale »Kitzinggesellschaft« jeden Dienstag und Freitag, abends ab sieben Uhr. Kopf war der aus politischen Gründen im sächsischen »Exil« lebende schlesische Preuße **Gustav Freytag**, der seine Wohnung in der eleganten Königsstraße (Goldschmidtstraße) hatte. Er war Redakteur und Mitinhaber der Zeitschrift »Grenzboten«, Autor der weitverbreiteten »Bilder aus der deutschen Vergangenheit«, der Romane »Soll und Haben« und »Die verlorene Handschrift« und zahlreicher vergessener Bühnenstücke.

→ (10b)

»… Da kam das Jahr 1848 und stellte Aufgaben, die größer waren als alle Eroberungen auf der deutschen Bühne. Als die erste Nachricht von den Berliner Barrikaden in Dresden eintraf, legte ich meinen Theaterkram beiseite …
Der Ausbruch erfolgte plötzlich, doch nicht unerwartet …
Alles in den deutschen Verhältnissen erschien haltlos und locker, und jeder rief, daß es nicht so bleiben könnte, aber die Ansichten über das, was werden sollte, gingen himmelweit auseinander ins Blaue …
Es war die schläfrigste Revolution, die man sich denken kann …«

Gustav Freytag,
Erinnerungen aus meinem Leben

Gustav Freytag

Um Freytag sammelten sich, in den Jahren in wechselnden Besetzungen, in privaten Zirkeln zu Hause oder bei Kitzing, Persönlichkeiten wie Karl Biedermann, Friedrich Gerstäcker, Moritz Haupt, Theodor Mommsen, die Verleger Karl Reimer, Salomon Hirzel, Hermann Härtel, Georg Wigand, und schließlich der junge Historiker Heinrich von Treitschke. Von ihren Gegnern wurden sie *»vertrocknete Philologen«* genannt, die jahrelang an der *»Entzifferung eines Tintenkleckses«* arbeiten.
Theodor Mommsen war seit 1848 an der Leipziger Universität Extraordinarius für Römisches Recht, bis man ihn entließ, weil er mit anderen protestiert hatte gegen die Wiedereinführung der alten Ständeverfassung durch den sächsischen König. Seine bis heute berühmte und gelesene »Römische Geschichte« begann er in Leipzig zu schreiben, aufgefordert

Theodor Mommsen

durch seine Leipziger Verleger Reimer und Hirzel. Dafür erhielt der *»blutjunge meerumschlungene Professor«*, wie ihn seine Gegner nannten, 1902 den Nobelpreis für **Literatur**. Er schrieb nie so knöchern wie die Mehrzahl der Kollegen, sondern essayistisch, unterhaltsam und trotzdem substantiell. Äußerst selten bei Wissenschaftlern. Mommsen heiratete am 10. September 1854 die Leipzigerin Maria Reimer, im Bethaus der Reformierten Gemeinde am Thomaskirchhof (vgl. Altes Amtshaus).
»Meine Leipziger Jahre waren die schönsten meines Lebens, das Aufblühen aller Kräfte des Geistes und des Herzens …« – die Mommsens sind noch immer mitten im Leben: Eine Urenkelin hat vor einigen Jahren die Gedenktafel für Theodor in der Chopinstraße enthüllt.

Einem weiteren Schriftsteller des Freytag-Kreises sind wir schon an der Nikolaischule begegnet: **Friedrich Gerstäcker**. *»Der schon damals Vielgereiste, der in seinem Zimmer in der Hängematte zu liegen pflegte«* (Alfred Meißner), kam, sofern er in Leipzig war, vom Dorf Plagwitz herüber. Zuvor hatte er seit 1845 in der Salomonstraße 3 gewohnt und dort *»Die Regulatoren in Arkansas«* und *»Die Flußpiraten des Mississippi«* geschrieben, verlegt bei Otto Wigand.
Zu nennen ist unbedingt auch der »jungdeutsche« widerborstige Schriftsteller **Heinrich Laube**, der seit 1839 in der Südvorstadt, Zeitzer Straße 14 (Karl-Liebknecht-Straße 3) wohnte, und viel spä-

ter, als Leiter des Neuen Theaters am Augustusplatz (1869/70), auch in der Königsstraße. Seine Erinnerungen sollte man lesen:

»... Ein System mag noch so conservativ sein, es kann gut und lobenswert sein als solches, wenn es aber keine Entwicklung in sich birgt, also keinerlei Fortschritt, so ist es ein Spiel des Dilettantismus ... Die regierenden Potenzen waren völlig eingelullt in die Thorheit: es sei ein dauernder Stillstand eine Wohlthat und er lasse sich erzwingen ... Metternich sorgte nur für das Auswärtige, und die im Innern herrschenden Minister waren herzlich unbedeutende Männer. Einige von ihnen habe ich zehn Jahre später in je einer längeren Unterredung kennen gelernt, ... und es ist mir bei diesen Unterredungen nichts eingefallen, als das bekannte Wort des alten Schweden Oxenstierna, welches er seinem Sohne gesagt haben soll:
Du glaubst gar nicht, mein Sohn, mit wie wenig Weisheit die Welt regiert wird!«

Heinrich Laube, Erinnerungen

Das »Kitzing & Helbig« war auch Gründungsort des »Deutschen Patriotenbunds zur Errichtung eines Völkerschlachtdenkmals«, gegründet am 26. April 1894 vom Leipziger Architekten **Wilhelm Clemens Thieme**. Der schrieb und publizierte auch Märchen, Geschichten, Gedichte. Knapp 20 Jahre später wurde das Denkmal eingeweiht. Ein Denk-Mal der Trauer, der Friedensidee und nationalen Einheit, so gänzlich anders als jene Kaiser, Kaiserreich und Nationalismus verherrlichenden Denkmäler der Jahrzehnte zuvor. Die ersten Vorschläge dazu waren kurz nach jener ersten Massenschlacht der Neuzeit mit mehr als 100.000 Toten – der »Völkerschlacht bei Leipzig« 1813 – zuerst vom Leipziger Verlagsbuchhändler **Friedrich Arnold Brockhaus**, von Ernst Moritz Arndt, von August von Kotzebue und anderen gekommen.

Reformatoren, Buchhändler, Patrioten und Karl May – eine kopfbewegte Vergangenheit. Man sieht es dem etwas nüchternen Platz nicht an.
Über die Schloßgasse gelangen wir zum südlichen Ausgang der Petersstraße.

Brockhaus Drucksaal

Max Klinger-Geburtshaus

Der Weg zur „kalten Wurst“

Hier ging’s zur »Kalten Wurst«. Oder nach Altenburg, Zeitz, Gera, Nürnberg, Innsbruck ...

Und alle mußten sie hier durch, zu Fuß, zu Pferde, im Wagen, wenn sie in das südliche Leipziger Umfeld wollten: Durch das **Peterstor**. **Goethe** auf seinen Ausflügen zu **Oeser** nach Dölitz auf das Wincklersche Gut oder nach Raschwitz; **Fontane** zur Besichtigung der Schlachtfelder von 1813, **Seume** auf seinen Spaziergängen und als Sommergast in Connewitz.

Am Ausgang der Petersstraße stand es seit 1723, entworfen vom Barockbaumeister **Matthaeus Daniel Pöppelmann** (Dresdner Zwinger). Ein profanes Bauwerk mit hohem architektonischen Wert.

Ein paar hundert Meter vor dem Tor – heute das Areal der einzigen Tageszeitung Leipzigs am Peterssteinweg – lag von 1754 bis 1877 das Gasthaus »Zur grünen Linde«, genannt »Zur kalten Wurst«. Richard Wagners Vater verkehrte hier. Der Polizeiamtsaktuarius, wenn er nicht im Dienst war, verbrachte einen guten Teil seiner Zeit bei den wandernden Theatertruppen, den Schauspielern und Sängern. Richards dichtender Onkel Adolph war dabei, und 1813 saßen auch der Theaterprinzipal **Joseph Seconda** und sein Musikdirektor **E.T.A. Hoffmann** in der Runde.

(11a) ←

»Abends in der Grünen Linde, Actuarius Wagner ein exotischer Mensch, der Opitz, Iffland pp. copirt und zwar mit Geist – er scheint der besseren Schule anzuhängen un poco exalto durch den Genuß vielen Rummes …«

E.T.A. Hoffmann, Tagebuch

Später verkehrte der junge Richard W. in der »Kalten Wurst«, ein bißchen Student, vor allem aber als Mitglied der trinkfreudigen Studentenverbindung »Saxonia«.

Vor dem Tor erstreckte sich der Königsplatz (Wilhelm-Leuschner-Platz) mit dem gewaltigen, von **Adam Friedrich Oeser** entworfenen Denkmal des sächsischen Kurfürsten Friedrich August III., der 1806 als Friedrich August I. erster König von Sachsen wurde – wenn auch von Napoleons Gnaden, der Titel war ihm wichtig. Die Skulptur ohne Sockel steht heute hinter dem Gohliser Schlößchen.

1860 wurde das Peterstor ohne Not abgerissen. Die aus dem Mittelalter stammende Peterskirche, nachdem die Straße benannt ist, daneben gleich mit. Benannt war sie nach einer dem heiligen Petrus geweihten Kapelle auf dem heutigen Wilhelm-Leuschner-Platz, einem ehemals slawischen Versammlungs- und wohl auch Kultplatz. Die fränkischen Eroberer des »heidnischen« Slawenlandes kamen sozusagen mit der Bibel in der einen, dem Schwert in der anderen Hand. Die alten christlichen Kirchen sind meist auf solche Plätze gesetzt worden.
Die Peterskirche neben dem Stadttor war lange Zeit u.a. als Kaserne, Lazarett, Lager, Kalkhütte genutzt worden, bis sie 1710/12, barock umgebaut, wieder

Kirche war. Auf dem beräumten Gelände baute die Reichsbank (Peterskirchhof) ...

»... Es ist erschreckend, welchen Kunstbesitz Leipzig sich gerade in den Jahrzehnten der entstehenden und sich entwickelnden Kunstwissenschaft ruiniert und vernichtet hat ... Keine Forderung der Stadtentwicklung kann entschuldigen, was da geschehen ist, ebensowenig wie irgendeine geschäftliche Forderung ...«

Nikolaus Pevsner, Leipziger Barock, 1928

Wenden wir uns nördlich, Richtung Markt, wandeln wieder die Schatten von Literaten und anderen Künstlern durch die Straßenschlucht. Die Ecke Peterskirchhof wird seit 1914 eingenommen von **Stentzlers Hof**, bis dahin vom »Lothischen Haus«, der alten Nummer 55. Hier wohnte der Musikalienhändler und Verleger **Carl Friedrich Peters**, auf den die berühmte »Edition Peters« zurückgeht. Bei ihm wohnte **Johann Gottfried Seume** in seinem letzten Lebenshalbjahr bis Juni 1810. Und zudem im Haus des Vaters seiner ehemals unglücklich geliebten Schülerin **Johanna Christiana Loth**, die dann doch den gut situierten Kaufmann Devrient heiratete. Im Hof des Gebäudes ist noch die Haustafel vom »Goldenen Hirsch« zu sehen, ein ehemaliger Durchgangshof zwischen Peterskirchhof und -straße. Seume war blasenkrank, fußkrank, seelenkrank. Am 13. Juni ist er in Teplitz gestorben. Er mußte bei kaltem Regenwetter unbedingt kalte Bäder nehmen ...

(11b) ←

»... Strapazen und im Dienst nicht fehlende und vernachläßigte Erkältungen haben die Krankheit erzeugt und so

heillos verschlimmert... Seit einem vollen Jahre habe ich nicht zwey Stunden ununterbrochen geschlafen ... Ich habe keinen Heller Vermögen, kein Amt, kein anderes Erwerbsmittel. Als Siechling kann ich also nicht leben ... Der Arzt hat mir nun die Verpflichtung auferlegt – Wein zu trinken. Auch nicht übel! ... Doch ist mein Geist wie er war, und soll es hoffentlich bleiben, bis er die letzte Radikalkur des Körpers sieht oder selbst machen muß ...«

Johann Gottfried Seume, 1809 / 10

→ (11c) Das Eckhaus gegenüber ist **»Klingers Haus«**, gebaut vom Seifensiedermeister und Vater des Malers, Graphikers und Bildhauers **Max Klinger** (Gedenktafel). Der ist nicht in der № 48 geboren, sondern in der früheren № 28, dem nördlichen der ehemals 4 Grundstücke, auf denen der historisierende Neubau von 1887/88 steht.

Danach ein Neubaukomplex, auf kriegszerstörtem Gelände, mit der sogenannten »Juridicum-Passage«. Sie erinnert an die Gebäude der Juristischen Fakultät. Alle der literarisch ambitionierten Leipziger Jurastudenten fanden sich täglich hier ein zu Kollegien und Vorlesungen. Klopstock, Lessing, Goethe usw.

Auf der anderen Straßenseite ein Kaufhaus. Es steht auf zahlreichen Einzelgrundstücken. Die Ecke am

→ (11d) Preußergäßchen nahm das **»Hôtel de Bavière«** ein. Hier stieg Schiller mit seiner Frau ab, als er 1801 die 3. Aufführung seiner »Jungfrau von Orleans« im Komödienhaus (Altes Theater) besuchte.

Im Hotel gab es eine Tischgesellschaft von Literaten, Kaufleuten, Wissenschaftlern, Adligen. Der »Jungdeutsche« und wegen seiner freimütigen politischen Ansichten von der Reaktion verfolgte Schriftsteller

Heinrich Laube saß auch dabei. Er hatte keinen langen Weg von seiner Wohnung in »Reichels Garten« gegenüber der Thomaskirche.

»An der Table d'hôte im ›Hôtel de Bavière‹, für welche Freund Julius Kistner eine wissenschaftlich disputierende Ecke zusammensetzte, wurden täglich Kunstgesetze aufs Reine gebracht ... Unter diesen Tischgästen waren denn auch Leute, welche das geistige Zeug hatten, mich wieder auf die mir natürlichen Fortschrittsbeine zu stellen. Namentlich ein dicker Schwabe. Das Project, welches am lächerlichsten befunden wurde, war eine Eisenbahn, die von Leipzig nach Dresden gebaut werden sollte – es war Friedrich List, der berühmte National-Oekonom ...«

Heinrich Laube, Erinnerungen, 1833

Ein anderer Schriftsteller hatte fünf Jahrzehnte zuvor im Nachbarhaus gewohnt: **Johann Paul Fried-**

Heinrich Laube

rich Richter, der sich zu Ehren Rousseaus später **Jean Paul** nannte.

→ (11d)

»Mein Logis ist: in dem Gasthof zu den **drei Rosen** in der Petersstrasse, zwei Treppen, No. 2.« Jahrzehnte hat man das Haus gegenüber, das Gasthaus »Zum Goldenen Arm«, geehrt als Wohnung des Dichters und mit einer Tafel geschmückt. Dort hat seit Mai 1781 der Theologiestudent zumindest gesessen und geschrieben, weil es warm war. Hier arbeitete er an den »Grönländischen Prozessen«. Der Titel ist wohl inspiriert von der Familiensage des Kramermeisters Johann Martin Haugk, der 1750 das Haus Ecke Sporergäßchen, ein paar Schritte weiter Richtung Markt, erbaute: Ein Familienmitglied soll beim Robbenfang im Nördlichen Eismeer nach Schiffbruch von einem Eskimo gerettet worden sein. Seit 1908 hieß das Haus »Der Grönländer«.

1875 ist das Bild mit dem paddelnden »Grönländer« angebracht worden.

Jean Paul war mit seinem Wirt im Kriegszustand. Und mit dem Rest des Leipziger Bürgertums. Er fand sie alle affektiert, machte pausenlos Schulden, ging selbst mit langem, ungekämmtem Haar und offenem Hemd herum. Und wollte ganz schnell ein bekannter Dichter werden. Bis er nach vier Jahren, nachts und verkleidet, aus der Stadt flüchtete. Vor seinen Gläubigern. Tatsächlich kam er als Berühmtheit wieder.
Im anderen Eckgrundstück Petersstraße / Preußergäßchen wohnte etliche Jahre der Kabarettist und Dichter von »Gebrauchslyrik« **Otto Julius Bierbaum** bei seinem Vater, einem Kneipeninhaber und Bierhändler. Bierbaum hatte in Leipzig die Thomasschule besucht und 1883 mit dem Studium begonnen: Jura, Philosophie, Sinologie. Erheiternde Zerstreuung fand er im »Corps Thuringia«.

Ziemlich zentral in der Petersstraße gelegen, treffen wir auf die Fassade des ehemaligen Messehauses **»Petershof«** – erbaut 1927/29 mit einem großen Lichthof als Eingangshalle, ausgeführt in farbiger Siegersdorfer Baukeramik. Im Jahre 2004 begann ein Investor – mit Genehmigung der Stadt – mit der fast kompletten Entkernung und damit Zerstörung eines der bedeutenden Zeugnisse der Moderne in der Leipziger Architektur. Hier stand einstmals der Gasthof »Zum Blauen Engel« (»Hotel de Russie«). **Voltaire** wohnte hier 1753 für einige Wochen, als er endgültig mit Friedrich II. gebrochen hatte, und traf sich täglich mit **Gottsched**.

(11e) ↑

1785 stieg **Schiller** hier ab, nach einer achttägigen beschwerlichen Reise aus Mannheim kommend, und flüchtete sich tags darauf vor den Kosten in das »Kleine Joachimsthal« in der Hainstraße. Und der Verleger **Carl Heinrich Reclam** traf sich hier regelmäßig mit den Freunden seiner Schachgesellschaft.

→ (11g)

Gegenüber die Messehof-Passage zum Neumarkt auf dem alten Grundstück **Hohmanns Hof**. Dort wohnte **Jean Paul** 1797/98 auch, nun als bekannter und geachteter Dichter. Den Sommer über lebte er in Gohlis. In Hohmanns Hof, »drei Treppen«,

Schiller

tagten in den 1770er Jahren die Brüder der Leipziger Freimaurerloge und zitierten den Kaffeeschenk **Johann Georg Schrepfer** hierher, der gedroht hatte, ihre »Geheimnisse« zu verraten. Was er übrigens auch zu tun begann – mit einer Plakataktion in der Stadt. Der Herzog von Kurland, Sohn des Kurfürsten **Friedrich August II.**, ließ ihn dafür auf der Pleißenburg ein bißchen verprügeln, was übrigens illegal war.

Seltsamerweise hat die Petersstraße, die große Flanier- und Ausfallstraße, heute kein Restaurant mehr aufzuweisen. Das ficht uns aber nicht an. Wir kaufen uns eine frisch gegrillte Thüringer Bratwurst und ziehen gen Osten durch die Passagen.

Kramerhaus

Reclam, Tetzel, Revoluzzer

Die Messehofpassage, vormals Hohmanns Hof, mündet in den **Neumarkt**. Eigentlich der »Neue« Neumarkt; der »Alte« heißt seit 1839 Universitätsstraße. Es war Jahrhunderte eine eher ruhige Straße, denn der Durchbruch zum nördlichen Ring erfolgte erst spät. Das Eckgrundstück am Ausgang der Messehof-Passage mit ehemals barockem Bürgerhaus von 1737 (Abriß um 1906) wurde bis ins 19. Jahrhundert die **»Apelei«** genannt – es hatte berüchtigte Studentenbuden. Die »Apelei« gehörte der Witwe des Schriftstellers und Ratsherrn Johann August Apel (s. Apels Haus / Königshaus am Markt). Ihr Sohn war **Guido Theodor Apel** (Gedenktafel), Musikfreund, Schriftsteller und Jugendfreund **Richard Wagner**s. Er ist der Initiator und Finanzier der »Apelsteine« zur Erinnerung an die Völkerschlacht bei Leipzig 1813. Die Freundschaft Apels mit dem Tondichter endete, als er ihm, u.a. aufgrund unsäglicher Schwindeleien, kein Geld mehr borgte, das er sowieso nie wiedersah:

→ (12a)

»Ach, 's ist gräßlich! ... Ich bitte Dich, nimm ein kleines Kapital von 200 Thl., lege es bei mir auf ein Jahr an, Du büßest höchstens die Geldzinsen ein, die ich Dir doch unmöglich anbieten kann ... Für jetzt hätte ich aber gern meinem Arme Weibe Medicin gekauft! Wird sie diesen Jammer überleben, und werde ich den ihrigen ertragen? Ich gehe Dich um dreihundert Thaler an ... «

Wagner an Apel

→ (12b)

Das »Städtische Kaufhaus« gegenüber war ein Messehauskomplex, erbaut 1893 bis 1901, der 1943 beim Bombenangriff ausbrannte, schon in den 50er Jahren teilweise wiederaufgebaut und 1993-1995 denkmalgerecht rekonstruiert wurde.
Am ehemaligen Eckgrundstück zum Kupfergäßchen stand das **»Kramerhaus«**. Hier treffen wir den in Bremen geborenen Verleger **Georg Joachim Göschen**. Der hatte sich 1785 hier eingemietet und seine Verlagsbuchhandlung gegründet. Teilhaber war der durch den Tod seiner Eltern – Vater Superintendent an der Thomaskirche – zu Vermögen gekommene **Christian Gottfried Körner**. Einer der ersten Autoren wurde **Friedrich Schiller**, der hier auch seine Zeitschrift »Thalia« herausgeben konnte, in der 1786 die Notenschrift der ersten Vertonung des Liedes »An die Freude« erschien, komponiert von Körner. Göschen verlegte 1797 seine Druckerei nach Grimma, Markt 11 (heute: Seume-Haus). Die Leipziger Drucker und ihre Zunft behinderten ihn, wo sie konnten.

Georg Joachim Göschen

Über die Straße ein Kaufhauseingang. Hier stand das Haus »Hohe Lilie«, in dem **Clara Wieck** geboren wurde, die spätere großartige Pianistin und Ehefrau **Robert Schumanns**. Ein paar Schritte links eine **Gedenktafel** für berühmte zeitweilige Bewohner des Areals.

← (12c)

Der Neumarkt hat noch weitere beherbergt. Ein moderner Bau gegenüber auf drei alten Grundstücken trägt den Schriftzug **»Schrödter-Haus«**. Hier, in der alten Nummer 642 (heute: 31), wurde an einem 28. Juni der Verleger **Anton Philipp Reclam** als Antoine Philippe Reclam geboren. Der Vater war aus Berlin eingewandert, Verlagsbuchhändler, hugenottischer Abstammung und ein großer Sympathisant der Französischen Revolution von 1789. Fünfzig Jahre später wohnte im gleichen Haus **Alfred Edmund**

← (12d)

Alfred Edmund Brehm

Brehm, der im privaten »Gesammt-Gymnasium mit Höherer Töchterschule« seines Onkels **Moritz Alexander Zille** eine Anstellung als Lehrer für Geographie und Naturwissenschaft gefunden hatte. Der junge Wissenschaftler hatte es nicht weit zur Arbeit. Die Schule war quasi um die Ecke, im Durchgangshof »Goldener Hirsch« zwischen Peterskirchhof und Petersstraße. Im heutigen Hof des Nachfolgebaus sind Erker und Hauszeichen erhalten.

1828 schon hatte der Komponist **Heinrich August Marschner** für zwei Jahre auf diesem Grundstück gelebt, seine Oper »Der Vampyr« vollendet und an »Der Templer und die Jüdin« gearbeitet. Ein verblüffend potentes Areal.
Der Onkel führt Alfred Brehm in die Leipziger Zirkel und Kreise ein, »Netzwerke« jener Zeit, u.a. an den »Verbrechertisch« der 1848er Demokraten in die »Gute Quelle« am Brühl. **August Bebel** erzählt davon in seiner Biographie, aus seiner Zeit als Horndrechslergeselle, keinesfalls ein Revoluzzer:

»In der einen Ecke jenes Lokals stand ein großer runder Tisch, der der Verbrechertisch hieß. Das besagte, daß hier nur die ehrwürdigen Häupter der Demokratie Platz nehmen durften, die zu Zuchthaus oder Gefängnis verurteilt worden waren oder die man gemaßregelt hatte. Öfter traf beides zu. Da saßen Roßmäßler, Dolge, der wegen seiner Beteiligung am Maiaufstand zum Tode verurteilt worden war, nachher zu lebenslänglichem Zuchthaus begnadigt wurde und dann acht Jahre in Waldheim gesessen hatte. Zu den »Verbrechern« gehörten weiter Dr. Albrecht, der in unserem Verein [gewerblicher Bildungsverein] Stenographie lehrte, Dr. Burckhardt, Dr. Peters, Friedrich Oelkers, Dr. Fritz

Hoffmann, Gartenlaube-Hoffmann genannt usw. Wir Jungen rechneten es uns zur besonderen Ehre an, wenn wir an diesem Tisch in Gesellschaft der Alten ein Glas Bier trinken durften ...«

Zille macht den Neffen Alfred Brehm mit dem Naturwissenschaftler **Emil Adolf Roßmäßler** bekannt und mit dem Verleger **Ernst Keil** – Wochenschrift »Die Gartenlaube« – und bürgt für ihn bei der Aufnahme in die Freimaurerloge »Apollo«. Unter dem Einfluß Roßmäßlers findet Brehm zur populären Darstellungsweise naturwissenschaftlicher Themen. In Keils »Gartenlaube« verteidigte Alfred Brehm auch die Darwin-Übersetzung des Leipzigers **Julius Victor Carus**:

»Der Strenggläubige sieht in jedem Naturforscher der Neuzeit, insbesondere in jedem Tierkundigen, einen berechtigten Anwärter auf das höllische Feuer, wenn nicht mehr. Er überlegt sich nicht oder vergißt, daß der Mensch seine Götter und Götzen nach seinem eigenen Bilde sich erträumte und gestaltete ..., und hängt deshalb mit Inbrunst an dem Wahne der gerade ihm gewordenen Ebenbildlichkeit. Nur hierdurch finde ich Erklärung des Entsetzens, welches die Lehren Darwins in gewissen Kreisen hervorgerufen haben, wie der geradezu kindischen Furcht vor dem sogenannten Materialismus und seinen Anhängern ...«

Für Keil reist er von Leipzig aus für einen Sommer nach Norwegen, und mit dem Herzog von Sachsen-Coburg-Gotha (Freimaurer), begleitet u.a. von Friedrich Gerstäcker, 1862 nach Abessinien.
Der Hildburghausener Verleger **Hermann Julius Meyer** ist von Brehms Aufsätzen und Projekten

begeistert und animiert ihn zu einer Buchreihe. An ihr beginnt Brehm in Leipzig zu schreiben.
1863 erscheinen die ersten Bände von »Brehms Tierleben« ...

→ (12e)

Über die Kupfergasse, benannt nach der Kupferwaage im ehemaligen Zeughaus – gelangen wir wieder ins 18. Jahrhundert. Am rechten Eckgrundstück zur Universitätsstraße, vormals der **»Silberne Bär«** des jungen Verlegers **Johann Gottlob Immanuel Breitkopf**, stolpern wir fast über den hyperaktiven jugendlichen **Goethe**. Er ist auf dem Weg in die Mansardenwohnung zum Kupferstecher **Johann Michael Stock** aus Nürnberg, um ein wenig in die Kunst des Radierens eingewiesen zu werden, eine Kunst, die in Leipzig bis heute beheimatet ist – sofern die alte Kunsthochschule die auf sie gekommenen Plagen übersteht. Denn: ein moderner Künstler benötigt ja bekanntlich kein Handwerk ...
Eine Tochter Stocks, Maria Jacobina, genannt Minna, ist später die Ehefrau Körners geworden, und ihr Stiefbruder Endner hat **Friedrich Schiller** 1785 seine Sommerwohnung in Gohlis zur Verfügung gestellt. Die Biographien jener Zeit überschneiden sich merkwürdig.

Johann Christoph Gottsched

Auf der anderen Straßenseite ist vor dem neu- und umgebauten Hörsaalgebäude eine Bronzetafel in den Fußweg eingelassen. Für **Johann Christoph Gottsched** und seine Frau Luise Adelgunde Victorie. Daß beide über Jahrzehnte im Haus **»Goldener Bär«** des Musikalienverlegers und Erfinders des Notendrucks mit beweglichen Lettern, **Bernhard Christoph Breitkopf**, wohnten, wird verschwiegen. (12f) ← Zu Breitkopfs ersten Veröffentlichungen gehörte **Bach**s »Schemellisches Gesangbuch«. Die Universität kaufte 1866 das Gebäude für das »Institut für Kultur- und Universalgeschichte«. 1943 wurde es zerstört. Den Verlag Breitkopf & Härtel aber gibt es noch heute. In Leipzig.

Nach wenigen Schritten sind wir im Innenhof des **»Paulinums«**, dem Zentrum der Leipziger Universität. (12g) ← 1231 hatten Mönche des Dominikanerordens das Gelände geschenkt bekommen und ein Kloster errichtet. Im Chorhaupt der Kirche ist **Johannes Tetzel** begraben worden. Dort liegt er wohl noch immer, gestorben wahrscheinlich an der Pest am 4. Juli 1519, während der berühmten Disputation auf der Pleißenburg. Er war sozusagen einer der »Erfinder« der Reformation, denn der Fanatiker hatte mit seinen unverschämten Ablaßbriefen den Zorn Luthers erregt. **Luther** predigte nach der Säkularisierung des Klosters am 12. August 1545 in der nunmehrigen Universitätskirche zum Thema »Tempelreinigung« (Matth. 21,13) ... Luther wohnte in diesen Tagen bei seinem Freund **Joachim Camerarius** in einem Hintergebäude der heutigen Universitätsstraße 7/9.

Zahllose Universitätsangehörige wurden in der Kirche begraben, **Gottsched** z.B. Nach der Sprengung der Kirche 1968 ist der Schutt samt Grablegen in eine Sandgrube vor der Stadt gebracht worden. Und beim Neubau der gesamten Anlage hat man eine Betonplatte über die noch vorhandenen, tiefliegenden Gräber gegossen. Wohl um eine weitere Bauverzögerung zu vermeiden. Zeit ist Geld, da können einem Geschichte und Grablegen den Buckel runterrutschen ...

Auf dem Universitätsgelände wohnte auch **Paul Fleming** aus dem sächsischen Hartenstein, der bedeutendste Lyriker des 17. Jahrhunderts. Nach zehn Jahren Thomasschule und Studium in Leipzig ist er im November 1633, während des Dreißigjährigen Krieges, mit einer Gesandtschaft des Herzogs Friedrich von Holstein-Gottorp auf eine mehrjährige Reise nach Rußland und Persien gegangen. Vermittelt hatte das sein Leipziger Freund **Adam Olearius**. Von ihm stammt die 1647 erstmals erschienene spektakuläre »Muscowitische und Persianische Reisebeschreibung«.

Eher am Rande des Universitäts-Innenhofes steht ein Denkmal für **Gottfried Wilhelm Leibniz**. Es hat schon etliche Standorte hinter sich gebracht. Entworfen vom Dresdner Bildhauer **Ernst Julius Hähnel**, stand es seit 1883 auf dem Thomaskirchhof, mußte 1906 dem Bachdenkmal des Leipziger Bildhauers **Carl Seffner** weichen und in den Paulinerhof umziehen, war lange Zeit eingelagert, bis es 1977 vor das neue Universitätsgebäude (heute: City-Hochhaus) an der Moritzbastei kam.

Das klassizistische Portal – von **Karl Friedrich Schinkel** – im Innenhof war einst Teil des Einganges zum Hauptgebäude der Universität, dem Augusteum, am Augustusplatz. Dort ging es zum berühmten »Hörsaal 1« – Namen wie **Ernst Bloch, Walter Markov, Hermann August Korff, Hans Mayer** sind mit ihm verbunden. Und DDR-Literaten wie **Christa Wolf** und **Volker Braun** studierten hier.

Wieder auf der Universitätsstraße, stehn wir vor der Ostfassade des **»Städtischen Kaufhauses«**. An diesem Ort, nicht im Gewandgäßchen, befand sich seit 1781 ein Kammermusiksaal, erbaut von **Johann Carl Friedrich Dauthe** auf Initiative eines sehr kreativen und tatkräftigen Bürgermeisters, **Carl Wilhelm Müller**. Im Deckengemälde von **Oeser** war der »Genius« Bach verewigt. (12h) ←
Da ein gemeinsames Treppenhaus in der rechten Gebäudeecke (noch heute mit Anklängen an das frühere) auch zur Ratsbibliothek und zu den Tuchmacherböden führte, bürgerte sich der Name **»Gewandhaus«** für die Spielstätte ein, die sich allerdings im ehemaligen Zeughaus befand. »Zeughäusler« für die Musiker des berühmten Orchesters würde auch nicht gut klingen.
Das Gebäude am Augustusplatz ist der vierte Konzertsaal, zählt man jenen am Brühl für das »Große Concert« mit. Seit 1884 bis zur Zerstörung im Zweiten Weltkrieg stand das »Neue Concerthaus« / Gewandhaus im Musikviertel. Auf jenem Grundstück steht heute ein Neubau der Universität für die Geisteswissenschaften.

Durchs Gewandgäßchen wieder zum Neumarkt. (12i) ← Der Kaufhausneubau rechts steht auf berühmtem Boden: die **»Große Feuerkugel«**. Eine Bronzetafel erinnert daran, initiiert vom Autor und mitfinanziert vom Kaufhaus. Goethe bewohnte hier zwei Zimmer, mußte aber zu jeder Messe – drei pro Jahr – raus und dem Frankfurter Buchhändler Fleischer Platz machen. Er zog nach Reudnitz ins »Hahnemannsche Gut« (Kohlgartenstraße 29) unweit des »Kuchengartens« (Ranftsche Gasse 14). Hier trafen sich die Studenten – und heckten Streiche aus: Goethe schrieb die »Ode an den Kuchenbäcker Händel« an die Wand. Eine schöne Parodie auf die Dichtungen des eitlen, aber dichterisch ein wenig unbegabten Professors Clodius: »O Hendel, dessen Ruhm vom Süd zum Norden reicht / Vernimm den Päan, der zu deinen Ohren steigt! ...« Ruchbar wurde der Frevel erst eine Zeit später, mit pädagogischen Folgemaßnahmen.

Lessing hatte schon ein Jahrzehnt vor ihm hier gelebt, am Beginn des Siebenjährigen Krieges. Er arbeitete an »Emilia Galotti« und seinem »Faust«-Fragment. Und befreundete sich mit dem einquartierten preußischen Offizier und Dichter **Ewald von Kleist**. Eine Unverschämtheit, mitten im preußisch besetzten Sachsen ...! Der Hausbesitzer **Christian Gottfried Winckler** (nicht zu verwechseln mit dem Kunstsammler Gottfried Winckler von der Katharinenstraße, einem Cousin) kündigte ihm die Wohnung.

In der »Feuerkugel« hatte **Reclam** 1829 sein »Literarisches Leihcabinett«, der Verleger **Leopold Voß** gab hier seine »Zeitung für die Elegante Welt« heraus. Der Redakteur hieß 1833/34 **Heinrich Laube**.

Und wir tauchen wieder in die Welt der Passagen ein ...

Atelier von Seffner

Ringelnatz und Goethes Keller

»... Das herrliche und weitberühmte Haus, so Auerbachs Hof genannt wird, das mit so viel stattlichen Gewölben, Kammern und Sälen dermaßen erbaut, von welschen, niederländischen, Nürnberger und anderen fürnehmen Handelsleuten stattlich besetzt, auch mit großem, herrlichem Gut und viel Waren so reichlich versehen, daß es wohl einem besonderen stattlichen Markt könnte verglichen werden ...«

Ulrich Groß, 1587 / Stadtarchiv Leipzig,
aus dem Frühneuhochdeutschen
übertragen von W. Schneider

→ (13a)

Der alte **»Auerbachs Hof«**, seit 1530 so benannt nach Heinrich Stromer aus Auerbach, war ursprünglich nach oben offen und eng, wie alle anderen Durchgangshöfe der Stadt. Er führt vom Neumarkt im Winkel zur Grimmaischen Straße. Über Jahrhunderte waren hier während der Messen die Anbieter besonderer Waren vertreten: Seidenstoffe, Schmuck, Porzellane, auch die beliebten Abgüsse antiker Bildhauerarbeiten gab es hier.
Seit 1911 ist es die **»Mädler-Passage«**, benannt nach einem Kofferfabrikanten, der den Gebäudekomplex an der Grimmaischen Straße abriß und als Porzellanmessehaus neu erbaute. Die historischen Kellergewölbe sollten gleich mit weg. Kaufmannsmentalität. Verhindert hat das eine über ganz Europa reichende Empörung. Letztlich ist es **Johann Wolfgang Goethe** zu verdanken (das »von« kam erst 1781 dazu), der »Auerbachs Keller« als einzigen Ort in seinem Faust I namentlich nannte. Der

Student saß hier gelegentlich mit Freunden – nur während der drei Messen im Jahr, denn sonst war der Weinkeller geschlossen. Mit der Faustsage war er seit seiner Kindheit vertraut; und dieser Ort war erstmals 1630 in einer Chronik damit verbunden worden.
Der historische **Dr. Faust**, der tatsächlich 1524 in Leipzig war, hat mit »Auerbachs Keller« allerdings nichts zu tun: Der Mediziner Dr. **Heinrich Stromer** aus Auerbach in der Oberpfalz hat den Weinkeller erst Jahre danach unter diesem Namen eröffnet. Allerdings hatte ein findiger Wirt schon 1625 zwei – bis heute erhaltene – Tafeln mit Faustmotiven malen lassen und sie aus Marketinggründen 100 Jahre zurückdatiert. Goethe wird sie gesehen haben.
Mit dem 19. Jahrhundert und Goethes Tod 1832 wurde »Auerbachs Keller« eine Art Wallfahrtsort. Im großen Restaurant sitzt und ißt man gut, auch in Nischen oder zwischen Säulen, und man hat die Gemälde an den Wänden im Blick mit Faust-Szenen. Auf der anderen Seite das Weinrestaurant und der berühmte Faßkeller. Im benachbarten Grundstück, einem Hintergebäude von Apels Haus, wohnte Goethes älterer Freund **Ernst Wolfgang Behrisch**, Hofmeister des jungen Grafen von Lindenau. Da das Grundstück an »Auerbachs Hof« grenzte und dort auch eine Pforte hatte, war man schnell beim Wein im alten Keller. Daher kommt die Legende, Goethe hätte in »Auerbachs Hof« gewohnt.

Eine andere Legende stammt aus neuerer Zeit: »Mein Leipzig lob' ich mir ...« wird pausenlos zitiert. Goethes Lob und angebliche Verbeugung vor dieser Stadt, es stand sogar über viele Jahre als Leuchtschrift am Brühl. Die betreffende Faust-Stelle sollte man aber mal lesen, denn: nicht »Goethe sagt«, sondern eine seiner Figuren, der besoffene und ein wenig verkommene Student Frosch:

»Mephistoles. Ich muß dich nun vor allen Dingen / In lustige Gesellschaft bringen, / Damit du siehst, wie leicht sich's leben läßt. / Dem Volke hier wird jeder Tag ein Fest. / Mit wenig Witz und viel Behagen / Dreht jeder sich im engen Zirkeltanz ... Brander. Die kommen eben von der Reise, / Man sieht's an ihrer wunderlichen Weise; / Sie sind nicht eine Stunde hier. Frosch. Wahrhaftig, du hast recht! / Mein Leipzig lob' ich mir / Es ist ein klein Paris und bildet seine Leute ...«

Und: Paris war in jener Zeit und noch lange danach in weiten Teilen mittelalterlich, schmutzig, verkommen, kriminell. Das Urbild einer liederlichen Stadt. Kein guter Werbespruch also.

In Auerbachs Hof hat 1539 Luther gewohnt, bei seinem Freund Heinrich Stromer. In der Mitte des 18. Jahrhunderts lebte während der Messen ein gewisser **Johann Ernst Gotzkowsky** hier. Der Großkaufmann, Gründer der Königlich Preußischen Porzellanmanufaktur KPM – er hatte Meißner Spezialis-

Johann Ernst Gotzkowsky

ten abgeworben – und Vertraute des Preußenkönigs Friedrich II. ist heute selbst in Leipzig, bis auf einen Straßennamen, kaum noch bekannt. Obwohl er die Stadt im Siebenjährigen Krieg mit seinen Millionen-Taler-Bürgschaften und Krediten mehrmals vor dem drohenden Bankrott und die Ratsmitglieder und Kaufleute aus der Pleißenburg gerettet hat. Danach hat man ihn als »geldgierig« beschimpft.

→ (13b)

Der nördliche Ausgang der Mädlerpassage führt uns zum gegenüberliegenden **Naschmarkt** mit der Alten Börse (1687) im Hintergrund, und noch einmal zu Goethe.

Im Mai 1903 hat man das Goethe-Denkmal des Leipziger Bildhauers **Carl Ludwig Seffner** auf dem Leipziger Naschmarkt unter deutschlandweiter Anteilnahme enthüllt. Die Idee dazu reichte allerdings weit zurück, wie das Leipziger Tageblatt 1899 schrieb:

»Ehemalige Nikolaischüler werden sich erinnern, daß schon vor zwanzig Jahren der damalige Lehrer des Deutschen an der Nikolaischule, Gustav Wustmann, der seine Primaner namentlich für den jungen Goethe zu begeistern suchte, sagte: Der junge Goethe müßte eigentlich in Leipzig ein Denkmal haben! Im Rosenthal müßte es stehen, wie das Denkmal Gellerts: eine weiße Marmorfigur auf einem rothen oder grünen Piedestal, vorn der Name Goethe, zu beiden Seiten in Rokokokartuschen die Medaillons von Friederike Oeser und Käthchen Schönkopf! Das Ganze müßte aussehen, wie eine Meißner Porzellanfigur ins Lebensgroße übersetzt! ...«

So wurde es auch, und das Denkmal zeigt, fern von Goethe-Kult, den jungen, unerfahrenen, neugierigen Studenten.
Der Bildhauer Seffner war Mitglied der »Leoniden«, einer lockeren Vereinigung Leipziger Persönlichkeiten. An der Naschmarktseite des Alten Rathauses ist eine Gedenktafel angebracht für die Gründer von 1909: **Edwin Bormann**, Privatgelehrter, Bacon- und Shakespeare-Forscher und Autor von Humoresken in Leipziger Sächsisch und den Grafiker und Schriftsteller **Georg Bötticher**. Der war u.a. Herausgeber von »Auerbachs Kinderkalender« und hatte einen berühmten Sohn. Und schon sind wir bei **Joachim Ringelnatz**. Der soll – könnte, wahrscheinlich, wohl – auch gesagt haben: »Ich dichte wie Goethe, nur ohne Flöte ...«

Ringelnatz war mit seiner Familie schon 1887 von Wurzen nach Leipzig gezogen, wohnte im Waldstraßenviertel und in der Gottschedstraße und besuchte zum Ärger seiner Lehrer, dieser »respektfordernden Dunkelmenschen«, das Gymnasium am Zoo. Dort hielt er sich auch lieber auf, vor allem während der »Völkerschauen«, wo ihn besonders die Samoanerinnen anzogen. Nach diversen Vorkommnissen flog er von der Schule. 1932 wurde seine Seemannsballade »Die Flasche« im Alten Theater auf der Rannischen Bastei uraufgeführt.
Die Wahrscheinlichkeit, in der Mädlerpassage schönen Samoanerinnen zu begegnen, wird wohl gegen Null gehen – und wir gehn in die Grimmaische Straße.

Literarische Museum

Das „Ketzer"-Viertel

Wir sind wieder bei den Buchhändlern und Verlegern, den Verlagsbuchhändlern des 18. und 19. Jahrhunderts. Im »Grimmischen Viertel«. Hier entstand ein hoher Anteil der Bücher für den deutschsprachigen Raum und darüber hinaus, bedeutende Verlegerdynastien haben hier ihren Anfang genommen, zahllose Autoren kamen hierher, um anzubieten und zu verhandeln. Mit dem Zweiten Weltkrieg war diese große Zeit zu Ende. Anzuknüpfen ist daran wohl kaum noch, wenn auch einige Dutzend neuer Verlage sich in den vergangenen zwei Jahrzehnten gegründet haben, kleine Verlage mit großem Enthusiasmus, die das bringen, was die großen verschmähen: Aufbereitung mitteldeutscher Kulturgeschichte, Publikationen nie gedruckten Archivmaterials, Texte junger Autoren. Man knüpft also an, und jener Geist bleibt lebendig.

↑ (14a)

Womit wir gleich bei **Antoine Philippe Reclam** sind, so der Taufbucheintrag der Leipziger Reformierten Gemeinde. Dort, wo heute ein Neubau steht mit dem »Zeitgeschichtlichen Forum« war seine erste Geschäftsadresse, das **»Literarische Museum«**. Der Vater und ehemalige Jakobiner **Carl Heinrich Reclam** hatte sich 1802, aus Berlin kommend, in Leipzig als Buchhändler niedergelassen. Hier war also die deutsche Hauptstadt der Bücher mit der Mehrzahl der wichtigen Verleger, Buchhändler und Drucker, hier wurden mit den Bücher Ideen und Ideale umgeschlagen.

»Veillez sans peur« – »Wachsam ohne Furcht ...« war der Wahlspruch der Familie Reclam. Der hugenottische Ursprung, die calvinistisch-christliche Anschauung der Welt also, bedeutete auch: Es waren unbeirrbare Selbstdenker, geprägt von humanistischen Tugenden und orientiert auf tätige Gestaltung ihres Lebens und der Welt. So hat Vater Reclam auch seine Kinder erzogen, acht insgesamt.
»Wir wollen den rebellischen Ursprung dieses Hauses und Unternehmens nicht vertuschen, wir wollen ihn betonen und ehrend hervorheben« – **Thomas Mann** ein Jahrhundert später in seiner Rede im Alten Theater Leipzig.

Gerade einundzwanzig Jahre geworden, borgt sich der Verlegersohn die gewaltige Summe von 3.000 Talern vom Vater und eröffnet am 1. April 1828 das »Literarische Museum« in der ersten Etage der Grimmaischen Gasse Nr. 4, in bester Lage neben Auerbachs Hof, mit Zeitungslesesaal und mehr als 100 ausliegenden Zeitschriften, das unter seiner Leitung zu einem Zentrum politischer und literarischer Diskussion wird. Damit war Reclam mitten im politischen Getümmel der Restaurationszeit, der gar nicht so »biedermeierlich«-beschaulichen Jahre bis zur '48er Revolution.
Ein halbes Jahr später gründet er den »Verlag des Literarischen Museums«, in Stieglitzens Hof, Markt 13. Der junge Reclam hat noch kein festes Programm; er probiert und sammelt Erfahrungen, auch politische, und: Gewinne muß er machen. Also verlegt er Unterhaltungsliteratur und Gedichte, Lokalgrößen wie Herloßsohn, und die schöne Satire »Mola Lontez« auf die Affäre des Bayernkönigs mit Lola Montez, die fast das Land zugrunde gerichtet

hätte. Noch Jahrzehnte später trifft es **Richard Wagner**, den die Münchner »Lola« nennen ...
Reclam verlegt böse demokratisch intendierte Bücher, wie etwa **Otto Wigand** auch. Die Österreicher und die Preußen sind radikaler als die sächsische Zensur. Sie hatten viel zu verlieren. Josef Graf Sedlnitzky, Leiter der Polizei- und Zensurhofstelle in Wien, meinte:

»Ein Volk befindet sich im ersten Stadium der Revolution vom Augenblicke an, wo es anfängt, Bildung in sich aufzunehmen ...«

Oder, wie der sächsische Prinz und spätere König Johann meinte:

»Das viele Wissen macht die Menschen nicht glücklich und namentlich, wenn man gewissen Ständen schon in der Schule Gegenstände beibringt, die ihrem Horizont fernliegen ...«

Reclam hat trotzdem weitergemacht wie zahlreiche Leipziger Verleger – u.a. **Otto Wigand**, **Robert Blum**, **Ernst Keil**, und hatte einen Spitzel am Hals, mit dem schönen Namen Jacob Eduard Singer.
1846 kommt durch »Kaiserlichen Beschluß« das Vertriebsverbot in Österreich für Reclam und Otto Wigand über den österreichischen Gesandten in Dresden, Graf Kuefstein, an die sächsische Regierung:

»Aus dem Anlasse, daß in dem Verlage des Buchhändlers Otto Wigand soeben eine incendiarische Flugschrift in ungarischer Sprache erschienen ist zur Verbreitung der verwerflichsten, staatsgefährlichsten und verbrecherichsten

Lehren ... und der im Bunde mit dem gleich ihm äußerst schlecht berüchtigten Leipziger Verleger Reclam jun. eine Menge der aufreizendsten und lügenhaftesten Schmähschriften gegen die österreichische Regierung herausgab und zu deren Einschmuggelung sich häufig der unehrenhaftesten, ja sogar betrügerischer Mittel bediente, so haben Seine k.k. Majestät den Absatz sämtlicher Verlagsartikel der Otto Wigandschen Buchhandlung und der Buchhandlung des Reclam jun. zu Leipzig in allen ihren Staaten zu verbieten für gut befunden ...«

nach: Literarische Geheimberichte. Protokolle der Metternich-Agenten, hgg. von Hans Adler, Köln 1981

Und Reclam verlegt dennoch 1851 »Jetzt - wie sonst. Luther über Fürsten, Adel, Hofbeamte und Pfaffen«:

»Die Fürsten sind gemeiniglich die ärgsten Narren oder die größten Buben auf Erden, darum man sich allezeit bei ihnen des ärgsten versehen und wenig Gutes von ihnen erwarten muß ... Von gottlosen Fürsten und Bischöfen werden wir noch jämmerlich geplagt ...«

Schließlich gründet er 1867 »Reclams Universalbibliothek«. Bildungsvermittlung für wenig Geld, zur Emanzipation der unteren Schichten, und für demokratische Ideale.

Die »Leipziger Nachrichten« vermelden am 11. November 1867:

»... Man denke, daß die hier bei Philipp Reclam erschienene Classiker-Ausgabe uns die poetischen und dramatischen Werke Lessing's, gut gedruckt auf festem weißem Papier, in

einem handlichen Bande von 38 Bogen für zehn Neugroschen bietet! Ferner ebenso ausgestattet Schiller's sämmtl. Gedichte auf 18 Bogen für 2 ½ Ngr., die übrigen Werke desselben in 11 weiteren Bänden zu gleichem Preise, – und Goethe's Faust in zwei Theilen à 2 Neugroschen! So etwas von Preiswürdigkeit ist im Buchhandel factisch noch nicht dagewesen ...«

Das **Universitäts- und Buchhändlerviertel** mit der Grimmaischen Straße war mit seiner geballten Bildungsvermittlung notwendigerweise ein »Ketzer«-Viertel: Hier saßen neben Vater und Sohn **Reclam** auch **Barth, Breitkopf, Brockhaus, Crusius, Fleischer, Fritsch, Gleditsch, Göschen, Härtel, Hofmeister, Wigand** und fünzig andere neben Druckern und Buchbindern. Lokalitäten waren u.a. am und im Paulinum, das Rote Kolleg, das Fürstenhaus (diagonal gegenüber dem heutigen Fürstenhaus-Erker), und das Eckgebäude an der Universitätsstraße, das heute wieder eine große Buchhandlung beherbergt. Hier ist auch eine Gedenktafel für den großen Dichter **Paul Fleming** angebracht. Die Verlagsbuchhändler Fleischer, Schwickert und Schäfer hatten hier ihre Geschäftsadresse. Und im Eckhaus, wo heute die Löwenapotheke ist, Friedrich Hofmeister seine »Musikalische Leih-Bibliothek« ← **(14b)** ← **(14c)**

Ein paar Schritte Richtung Markt ein Kaufhausneubau auf altem Grund. Am heutigen Seiteneingang stand das Gebäude mit der alten **»Löwenapotheke«** der Familie Linck. Hier wohnte der Student **Georg Philipp Friedrich Freiherr von Hardenberg**, der sich später **Novalis** nannte.

»Ich werde in drei Wochen nach Leipzig abgehen und nach einer gänzlich veränderten Lebensordnung zu leben dort anfangen. Jurisprudenz, Mathematik und Philosophie sollen die drei Wissenschaften sein, denen ich diesen Winter mich mit Leib und Seele ergeben will ...«

Novalis, 5. Oktober 1791

Ein Hausgenosse kam im Januar 1792 dazu: Der Student **Friedrich Schlegel**. Nun war es mit dem Studieren vorbei. Schlegel liebte die große Gestik, den schönen Schein. Obwohl er ziemlich mittellos war, hielt er sich einen Diener, meldete sich in der teuren Großbürgergesellschaft »Harmonie« an und lebte er vor allem auf Pump.

Hardenbergs Ruhe und Vorsätze waren dahin. Als Schlegel eine Affäre mit einer gewissen Laura begann und Hardenberg sich in deren Schwester Julie verliebte, bestimmten fortan Leidenschaften den studentischen Alltag.

Novalis

»Jetzt war's, daß ich mich in ein Mädchen verliebte. Die erste Zeit ging noch alles recht gut; aber diese Leidenschaft wuchs so schnell empor, daß sie in kürzester Zeit sich meiner ganz bemächtigt hatte. Mich verließ die Kraft zu widerstehn. Ich gab mich ganz hin. Überdem war's die erste Leidenschaft meines Lebens ...«

Novalis, an den Vater, 9. Februar 1793

Vater Hardenberg dirigierte den Sohn aus der Gefahrenzone und dem Lotterleben ins ruhigere Wittenberg. – Novalis war auch später in der Stadt. 1798 traf er hier mit **Jean Paul** zusammen, und zwei Jahre danach erkundete er als Absolvent der Freiberger Bergakademie im Auftrag sächsischer Regierungsstellen Braunkohlelagerstätten zwischen Zeitz, Gera, Borna und Leipzig. Die Naturalien- und Kuriositätensammlung des Löwen-Apothekers **Johann Heinrich Linck d. J.**, der auch eine Braunkohlengrube in Zöbigker bei Merseburg besaß, ist heute im Museum im sächsischen Waldenburg, 10 km von Altenburg, zu bestaunen.

»Die Philosophie ruht jetzt bei mir im Bücherschranke. Ich bin froh, daß ich durch diese Spitzberge der reinen Vernunft durch bin und wieder im bunten erquickenden Lande der Sinne mit Leib und Seele wohne ...«

Novalis

Wir kommen an den Ausgang der Grimmaischen Straße. Bis 1830/31 stand hier das Grimmaische Tor als Teil der Wehranlagen. Links an der Ecke Nikolaistraße ein Neubau: **Carl Heinrich Reclam** hat hier gewohnt und gearbeitet. Im Nachbarhaus kam 1808 **Daniel Gottlob Moritz Schreber** zur Welt, der im übrigen Zeit seines Lebens nie etwas mit »Schreber«-Gärten zu tun haben sollte. Seine pädagogischen und Bücher zur Heilgymnastik waren gut gemeint, viel gelesen, aber mit ihrer Zucht-und-Ordnung-Intention ein Schrecknis bis heute. Seine große Praxis mit Wohnung stand in der Zeitzer Straße (Karl-Liebknecht-Straße 10, LVB-Haus), die diverse Namensänderungen mit jedem Regimewechsel über sich ergehen lassen mußte. Weshalb der Leipziger auch gern mal von der »Adolf-Südknecht-Straße« spricht ...

Johann Gottfried Seume hat mit einer gewissen Wahrscheinlichkeit 1796/97 nahe an der Grimmaischen Gasse gewohnt, an einem Zugang zum Paulinum (altes Universitätsgelände) vom Neumarkt aus:

»... Ich sitze und schreibe im Zimmer über dem Thorwege ...«

Brief vom 20. Oktober 1796

Und 1802 schreibt er: »... und schlief so ruhig wie in der Nachbarschaft des Leipziger Paulinums«
Eine weitere Wohnung in der »Nachbarschaft« ist nicht bekannt.
Durch das Grimmaische Tor Richtung Osten hat er seine großen Reisen angetreten. Nach Warschau und Sankt Petersburg, nach Syrakus über Grimma

und Wien, nach Tartu ins Baltikum und rund um die Ostsee.

Der Kreis dieser literarischen Promenade durch eine faszinierende alte Kulturstadt schließt sich. Und wir haben vielleicht ein Gefühl dafür bekommen, warum die Menschen hier selbstbewußt auftreten, offen, bestimmt, auch gelassen. Aus dem Wissen um ihre Geschichte und ihre Möglichkeiten.

Register

A

B

C

D

F

G

H

J

K

L

M

N

O

P

R

S

T

V

W

Z

Bildquellen:

Sammlung des Autors; gemeinfreie;
S. 131/132: Prof. Wolfgang Seffner;

Café Kintschy

J. G. SEUME

VERLAG

„Der Wahrheit folgen und sie pflegen, die Gerechtigkeit schützen, für alle in gleicher Weise das Gute wollen und tun, nichts fürchten“

Johann Gottfried Seume (*1763-†1810)

Johann Gottfried Seume, geboren 1763 in Poserna, gestorben 1810 in Teplice. Promovierter und habilitierter Historiker, Literat und Lektor, Soldat und Erzieher. Zwischen Französischer Revolution und den bürgerlichen Revolutionen von 1848/49 lebend, litt er – Spätaufklärer, Republikaner, Demokrat – an den politischen Zuständen seiner Zeit. Freiräume suchte der heimatverbundene Patriot und weltoffene Europäer auf seinen Wanderungen:
Von Grimma nach Syrakus und über Frankreich zurück, nach Polen, Rußland, Schweden, Finnland und Dänemark, innerhalb Deutschlands.
Er war in vieler Hinsicht einer, der Grenzen überschritten hat: Zwischen Nationen, sozialen Klassen, politischen Systemen.
Der nach ihm benannte Verlag will die Ideen Seumes in die Gegenwart transferieren: **Grenzen überwinden, zwischen Ost- und Westdeutschen, zwischen Deutschen und Franzosen, Polen, Tschechen, zwischen sozialen Klassen und politischen Gruppierungen.**

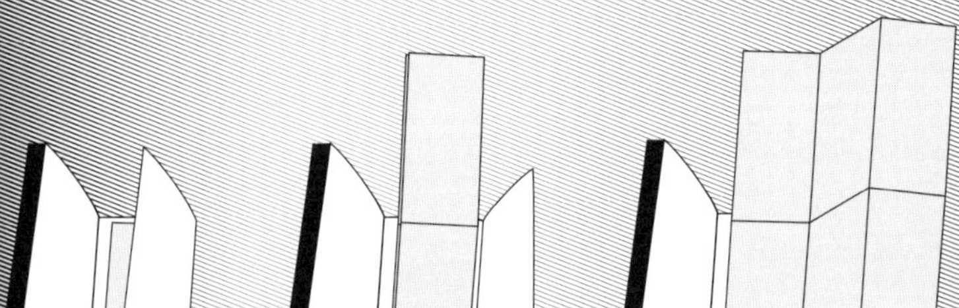